NSES AUX QUEST

DU PROGRAMME

D'HISTOIRE NATURELLE

POUR LE

SECOND EXAMEN

DU

BACCALAURÉAT ÈS LETTRES

(d'après l'arrêté du 22 janvier 1885)

et pour le Baccalauréat ès sciences restreint, les Examens de l'Enseignement secondaire spécial, de l'Enseignement secondaire des jeunes filles et de l'Enseignement primaire supérieur.

PAR

M. LOUIS

DOCTEUR ÈS SCIENCES

PARIS

LIBRAIRIE CROVILLE-MORANT

20, RUE DE LA SORBONNE, 20

1888

A LA MÊME LIBRAIRIE

RÉPONSES AUX QUESTIONS

DU PROGRAMME

D'HISTOIRE NATURELLE

4598. — ABBEVILLE, TYP. ET STÉR. A. RETAUX. — 1888.

RÉPONSES AUX QUESTIONS

DU PROGRAMME

D'HISTOIRE NATURELLE

POUR LE

SECOND EXAMEN

DU

BACCALAURÉAT ÉS LETTRES

(d'après l'arrêté du 22 janvier 1885)

et pour le Baccalauréat ès sciences restreint les Examens de l'Enseignement secondaire spécial, de l'Enseignement secondaire des jeunes filles et de l'Enseignement primaire supérieur.

PAR

M. LOUIS

DOCTEUR ÈS SCIENCES

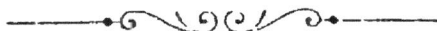

PARIS

LIBRAIRIE CROVILLE-MORANT

20, RUE DE LA SORBONNE, 20

1888

PRÉLIMINAIRES

Comment distingue-t-on les corps bruts des corps vivants ? — 1° Un corps vivant naît toujours de parents qui lui ressemblent. C'est-à-dire que la *génération spontanée* n'existe point (*omne vivum ex vivo*).

Un corps brut (minéral) peut se produire par réactions chimiques entre des corps qui ne lui ressemblent ni comme forme, ni comme aspect, ni comme propriétés.

2° Un corps vivant se *nourrit*, c'est-à-dire qu'il puise dans le milieu extérieur des matériaux qui, transformés dans son intérieur, remplacent les matériaux usés par l'activité vitale. Ce va et vient de substance est la manifestation de *la vie*. Quand il cesse de se produire l'être vivant *meurt*.

Un minéral *ne se nourrit pas* et ne meurt pas ; il dure indéfiniment si aucune cause, extérieure à lui, ne vient le détruire ou le modifier.

3° Tout être vivant se reproduit. — Le minéral ne se reproduit pas.

4º L'être vivant est *organisé*. (C'est-à-dire composé de diverses parties ou *organes* dont chacun a sa fonction). — Le minéral n'est pas organisé.

5º Un minéral peut se présenter en masses énormes ou d'une ténuité extrême.

La taille d'un être vivant ne peut pas dépasser certaines limites.

Comment distingue-t-on les animaux des végétaux ? — Les animaux se meuvent volontairement ; les végétaux non. — Les animaux ont un système régulateur des mouvements et siège de la sensibilité (*système nerveux*) ; les végétaux non. — Les animaux ont un système circulatoire avec un organe (*cœur*) propulseur du liquide nourricier (*sang*) ; les végétaux ont un système circulatoire et un liquide nourricier (*sève*), mais pas d'organe propulseur. — Les animaux ont un appareil respiratoire localisé (poumons, branchies, peau) ; l'appareil respiratoire des végétaux n'est pas localisé : ils respirent par toutes leurs parties jeunes. — Les végétaux sont verts parce qu'ils contiennent de la *chlorophylle*. Les animaux n'en ont pas. — Les *cellules* végétales ont une membrane de *cellulose*; les animaux ne contiennent pas de cellulose.

Corps

- **ÊTRES VIVANTS** — Naissent de parents *semblables à eux.* Se nourrissent, — se reproduisent, — meurent.
  - **Animaux** — Se meuvent, sont doués de sensibilité. — N'ont pas de chlorophylle. Ne renferment pas de cellulose.
  - **Végétaux** — Ne se meuvent pas, ne sentent pas. Ont de la cellulose et de la chlorophylle.
- **CORPS NON VIVANTS** — Ne naissent pas de parents qui leur ressemblent. Ne se nourrissent pas, — ne se reproduisent pas, — ne meurent pas.
  - **Minéraux**

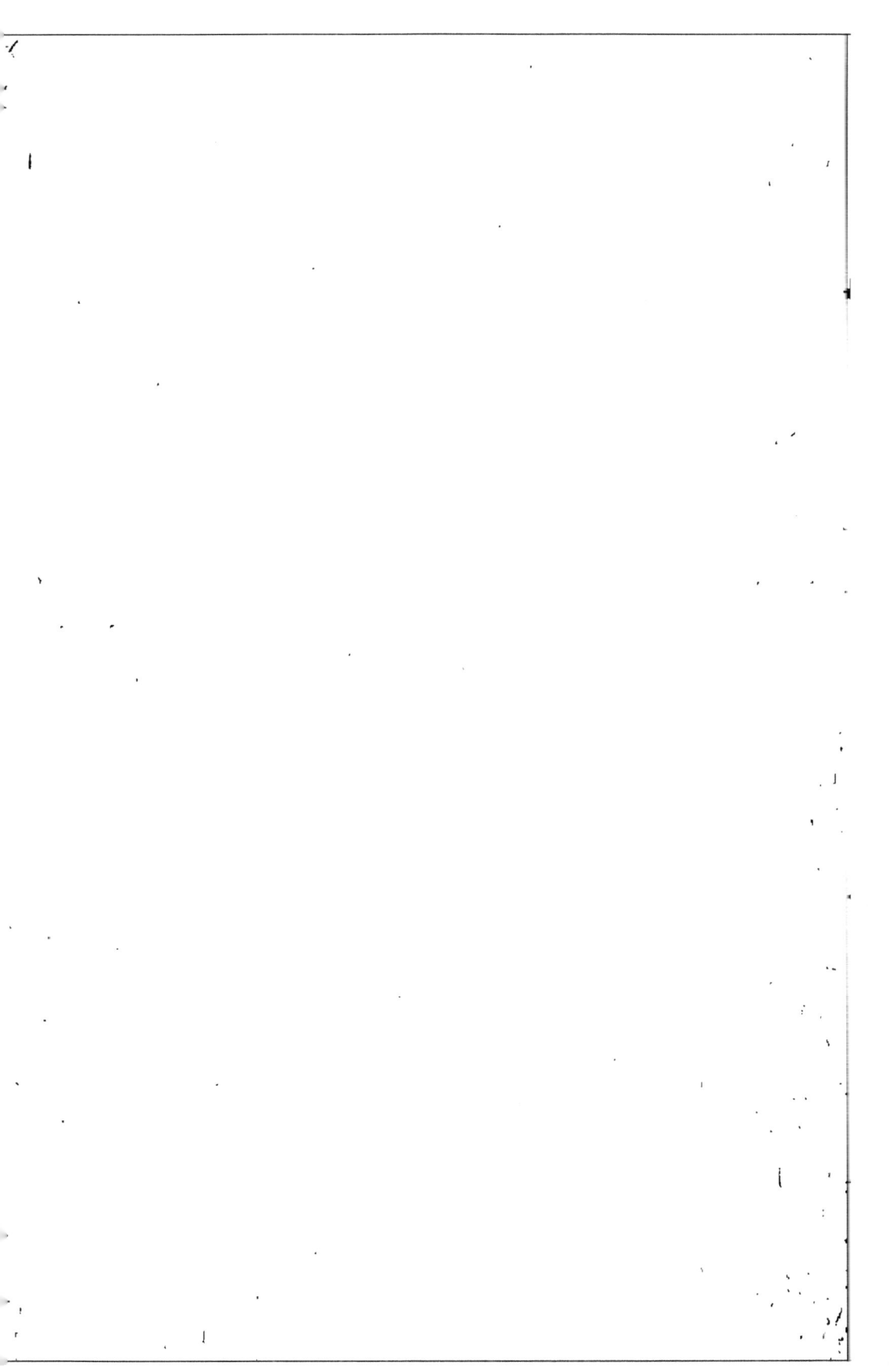

ANATOMIE ET PHYSIOLOGIE
ANIMALES

Qu'est-ce que l'individu ?—L'individu animal est une unité caractérisée par sa forme et son activité vitale, unité *généralement* indivisible en ce sens qu'on ne peut en retrancher une des parties sans que la vie soit compromise.

Qu'est-ce qu'un organe ? — L'organe est une partie de l'individu, de forme et de structure définies, qui exerce une fonction spéciale ; c'est un des nombreux instruments dont le fonctionnement constitue, dans son ensemble, la vie de l'individu.

Qu'est-ce qu'un tissu ? — Un tissu est une partie d'organe, à structure définie qui, au microscope, se montre composé de *cellules* ou de substances dérivées de cellules.

Qu'est-ce qu'une cellule ? — Essentiellement

c'est une substance gélatineuse, albuminoïde (azotée) granuleuse, irritable et contractile, sans cesse animée de mouvements divers, nommée protoplasma, (*p*, fig. 1) au sein de laquelle se voit une masse compacte : le noyau (*n*). Le noyau est, en grande partie, formé d'une substance spéciale, azotée, la *nucléine*. Le protoplasma est enveloppé d'une membrane (*m*) (*la membrane cellulaire*) mince et flexible chez les animaux, rigide et

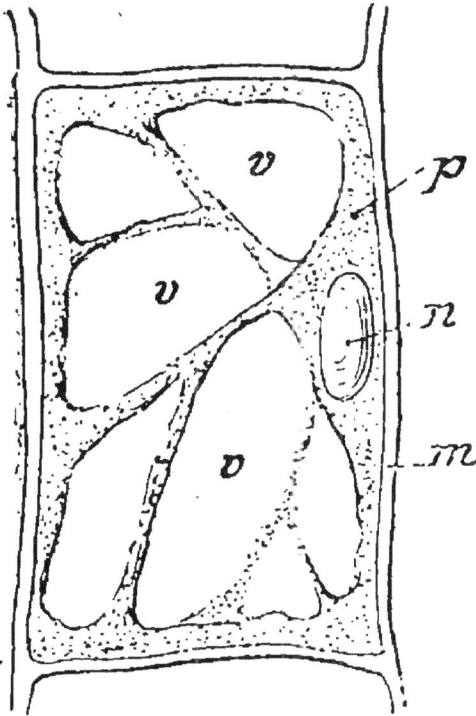

Fig. 1. — Cellule.

formée de *cellulose* chez les végétaux. Aussi les mouvements du protoplasma se manifestent-ils au dehors chez les animaux, tandis qu'ils sont masqués chez les végétaux par la membrane rigide : c'est pour cela que les animaux peuvent se mouvoir et les végétaux non.

Le protoplasma de la cellule est souvent

creusé de cavités (*v*) (*vacuoles*) pleines d'un liquide (*le suc cellulaire*).

D'où vient la cellule ? — Elle naît *toujours* d'une autre cellule préexistante.

Décrivez quelques modes de reproduction de la cellule ? — Le noyau se divise en deux, puis le protoplasma s'étrangle et la cellule se partage en deux cellules nouvelles ; c'est la *scissiparité*. Si l'une des deux cellules produites est beaucoup plus petite que l'autre on dit qu'il y a *bourgeonnement* de la petite sur la grande. — Quelquefois le noyau et le protoplasma se partagent à l'intérieur de la membrane de la cellule mère en un certain nombre de boules protoplasmiques ayant chacune son noyau, ces boules protoplasmiques (*spores*) s'échappent au dehors par destruction de la membrane de la cellule mère. On dit qu'il y a *formation endogène* de nouvelles cellules.

Quel est celui de ces procédés qui donne surtout naissance aux tissus ?

C'est la scissiparité. Les cellules ainsi produites restent unies et forment des agrégats qui sont les tissus.

Décrivez les principaux tissus. — On peut en reconnaître 4 sortes : 1° les *tissus épithéliaux*:

2° les *conjonctifs* ; 3° le *tissu musculaire* ; 4° le *tissu nerveux*.

Dites sommairement ce qui caractérise chaque tissu. — Les *Épithéliums* recouvrent toutes les surfaces du corps aussi bien la surface externe que la surface des cavités internes. Dans

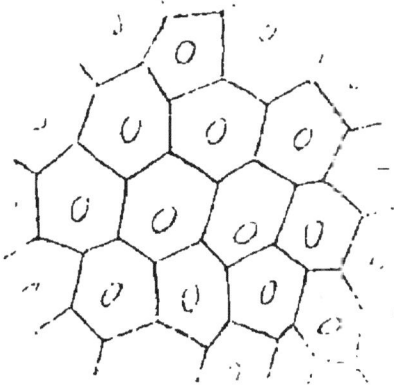

Fig. 2. — Épithélium.   Fig. 3. — Tissu cartilagineux.

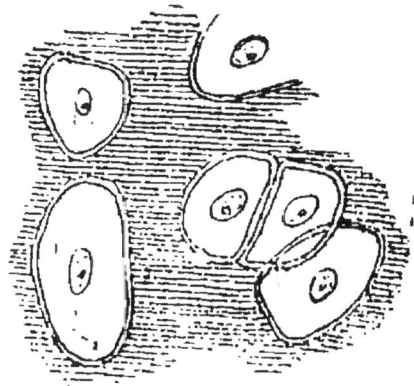

ce dernier cas ils prennent le nom d'*Endothéliums*. Tous les épithéliums sont formés de cellules intimement unies et exactement juxtaposées (fig. 2). Il peut y en avoir plusieurs assises (peau).

2° *Les tissus conjonctifs* sont très variés. Mais ils sont tous formés de cellules séparées les unes des autres par des intervalles plus ou moins considérables (fig. 3), plongées au milieu d'une substance *intercellulaire*, plus ou moins abondante, exsudée par les cellules. Les principaux tissus conjonctifs sont : le *tissu muqueux* caractérisé par la forme étoilée de ses cellules, le

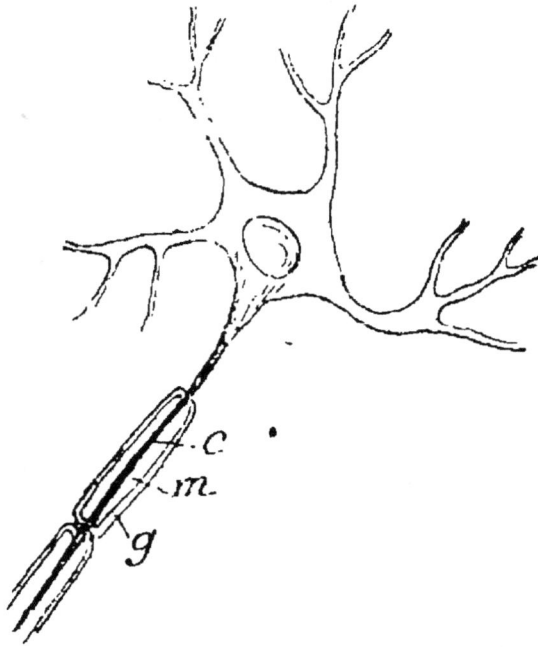

Fig. 4. — Cellule nerveuse et fibre.

tissu élastique (la substance intercellulaire est formée de fibres élastiques), le *tissu adipeux*, à cellules pleines de graisses, le *tissu cartilagineux*, à cellules sphériques et substance fondamentale solide, le *tissu osseux* dont la substance fondamentale imprégnée de sels de chaux est très dure.

RÉSUMÉ

L'élément essentiel de tout être vivant est le *protoplasma* et son *noyau.*
Le protoplasma nu ou entouré d'une membrane constitue la *Cellule.*
Les cellules se groupent en.............................. *Tissus.*
Les tissus en... *Organes.*
L'ensemble des organes constitue......................... l'*Individu.*

Tissus
{
exclusivement cellulaires sans interposition de substance fondamentale.............. *Epithéliums.*

composés de cellules séparées par une substance fondamentale..................... *Conjonctifs.* { Os. Cartilages. Graisse.

contractiles .... *Musculaires.*
cellules se prolongeant en fibres.......... *Nerveux.*
}

3º Le *tissu musculaire*, caractérisé par sa contractilité, lente lorsque le muscle est formé de fibres fusiformes *lisses*, brusque quand les fibres musculaires sont *striées*.

4e Le *tissu nerveux* contient les *cellules nerveuses* ou ganglionaires et les *fibres nerveuses* (fig. 4). Les cellules émettent un certain nombre de prolongements dont l'un se continue dans une fibre nerveuse. La fibre nerveuse se compose de 3 parties, le *cylindre axe*, (c) entouré d'une subtance blanche phosphatée la *myéline* (m), le tout enveloppé par la *gaine de Schwann*.

FONCTIONS DE NUTRITION

(Etude spéciale de l'homme).

Qu'appelle-t-on fonctions de nutrition ? — Ce sont celles qui ont pour effet de conserver la vie à l'individu; on les nomme aussi fonctions de *conservation*.

Il y a donc d'autres fonctions ? — Il y a les *fonctions de relation* qui ont pour but de mettre l'individu en relations avec le monde extérieur et les *fonctions de reproduction* destinées à perpétuer l'espèce.

Quelles sont les fonctions de nutrition ? — 1° *La digestion*, 2° *la circulation*, 3° *la respiration*, 4° la *secrétion et l'excrétion*.

DIGESTION

Qu'est-ce que la digestion ? — C'est la fonction par laquelle les aliments sont puisés au dehors, introduits dans l'organe *tube digestif* où ils sont, s'il y a lieu, *transformés en substances solubles* capables de traverser l'épithélium de l'intestin pour se rendre dans le sang.

Quels sont les actes dont l'ensemble constitue la fonction de digestion ?

1° L'acte de *préhension* (prendre les aliments et les porter à la bouche) accompli par la *main.*

2° La *mastication* (action de broyer les aliments) effectuée par les *dents*, les *joues*, la *langue* et les *lèvres*.

3° *L'insalivation* (action d'humecter les aliments de salive) par *les glandes salivaires.*

4° La *déglutition* (action d'avaler) s'opère dans *l'arrière-bouche* et le *gosier*.

4° La *digestion stomacale*. Transformation subie par les aliments dans l'estomac.

6° La *digestion intestinale* dans l'intestin.

7° *L'absorption*, acte par lequel les aliments digérés sont absorbés par les parois de l'intestin et arrivent dans le sang.

Décrivez successivement tous ces actes et les appareils au moyen desquels ils s'accomplissent.

PRÉHENSION

L'acte de *préhension* s'exécute au moyen de la main.

MASTICATION

Les aliments doivent être broyés. Ils sont sans cesse ramenés par la langue, les joues, les lèvres, sous les dents.

Comment est faite une dent ? — C'est un petit corps dur, blanc, fixé solidement dans *une alvéole* pratiquée dans la *mâchoire*. Tout ce qui est dans la mâchoire est la *racine* ; ce qui émerge la *couronne;* le *collet* est la séparation de la couronne et de la racine. La dent est faite en

ivoire ; l'ivoire de la couronne est revêtu d'é-
mail, (e, fig. 5) la racine est revêtue de cément.(c)

Au centre de l'ivoire se
trouve une cavité qui vient
s'ouvrir par un canal à
l'extrémité de la racine.
C'est la cavité de la pulpe.

Qu'est-ce que l'ivoire?
— Sorte de gélatine imprégnée de phosphate et
carbonate de chaux ; des
canaux fins traversent
l'ivoire depuis la cavité
de la pulpe jusque sous
l'émail et le cément.

**Qu'est-ce que l'émail,
le cément?** — L'émail
n'est presque que du phosphate de chaux à struc-
ture cristalline. Il est très
dur. Le cément a à peu
près la constitution de
l'os.

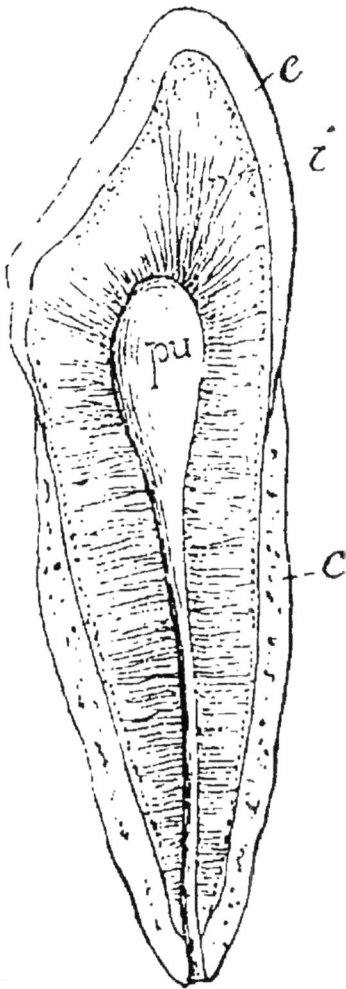

Qu'est-ce que la pulpe?
— Tissu muqueux dans lequel se rendent une

Fig. 5. — Dent.

artère et un nerf et d'où sort une veine. C'est la partie sensible de la dent.

Combien y a-t-il de sortes de dents?—A chaque mâchoire : 4 *incisives* qui coupent, 2 *canines* qui déchirent, 10 *molaires* qui broient. En tout 32 dents.

Combien y a-t-il de dentitions ? — Trois : la première ou *dentition de lait* se compose de 20 dents. Il n'y a que deux molaires. — Vers 7 ans ces dents tombent, sont remplacées par les dents permanentes. Il y a alors 4 molaires de

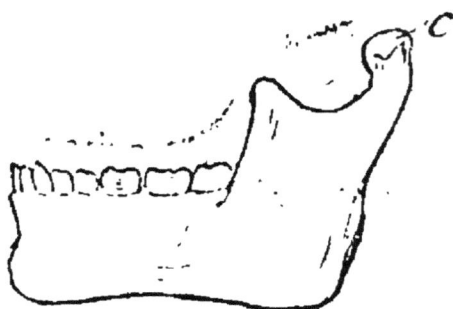

Fig. 6. — Mâchoire.

chaque côté. — Vers 18 ou 20 ans la dernière molaire pousse de chaque côté : ce sont les *dents de sagesse.*

Comment se fait la mastication ? — La mâchoire supérieure soudée à la tête est immobile. La mâchoire inférieure en fer à cheval se meut de bas en haut, s'écartant et se rapprochant de la supérieure. Les aliments placés entre les deux sont broyés. La mâchoire tourne autour de deux têtes (*c*, fig. 6) osseuses (*condyles*) qui sont placées dans des cavités de la base du crâne.

INSALIVATION

Comment s'opère l'insalivation ? — 3 paires de glandes dans la bouche : 1º les *parotides* près de l'oreille, 2º les *sublinguales*, sous la langue ; 3º les *sous-maxillaires*, dans un creux de la face interne de la mâchoire inférieure. Il y a en outre les *glandes buccales* qui tapissent les joues les lèvres, etc. et sont réunies en petites masses (*amygdales*) dans l'arrière-bouche.

Que contient la salive mixte fournie par toutes ces glandes ? — La *Ptyaline* ou *diastase animale* qui a la propriété de transformer les matières *féculentes* en glucose soluble ; elle contient aussi du chlorure de sodium, et de la soude qui la rend alcaline.

Quel est le rôle de la salive ? — Elle facilite la mastication (salive aqueuse de la parotide) facilite la déglutition (salive gluante des sous-maxillaires) et commence la digestion des féculents.

DÉGLUTITION

Qu'entend-on par déglutition ? — C'est le

passage des aliments de la bouche dans l'estomac.

Comment se fait la déglutition ? — L'aliment mâché est réuni en boule (*bol alimentaire*) et poussé par la langue dans l'arrière-bouche. Là, 3 orifices : *l'œsophage* qui mène dans l'estomac, les *fosses nasales* qui conduisent au nez et la *trachée artère* qui conduit aux poumons et s'ouvre dans l'œsophage. Un voile (*voile du palais*) qui pend dans l'arrière bouche est soulevé par le passage du bol et ferme les fosses nasales, puis le gosier (*pharynx*) remonte et vient au-devant du bol. Dans ce mouvement une soupape (*épiglotte*) ferme l'orifice de la trachée artère et le bol, happé par l'œsophage, descend grâce aux mouvements *péristaltiques* de cet œsophage.

DIGESTION STOMACALE

Qu'est-ce que l'estomac ? — C'est une poche placée à la partie supérieure de l'abdomen, de gauche à droite, très musculeuse, très vasculaire, et dont la paroi interne sillonnée de nombreux plis contient un grand nombre de petites glandes spéciales.

Les aliments arrivent dans l'estomac par le

cardia. L'estomac se contracte et opère un mélange intime des aliments. En même temps ses parois sécrètent un suc spécial *(suc gastrique)* acide (acide chlorhydrique ou acide lactique), contenant un *ferment, la pepsine. Cette pepsine ne peut agir que dans un milieu acide.* Elle imprègne les aliments et transforme les substances azotées (viande, blanc d'œuf, fromage...) en corps *solubles* nommés *peptones* ; la partie de la substance azotée non transformée en peptone est un résidu pulvérulent, brunâtre, nommé *para-peptone.*

Le suc gastrique est sans action chimique sur les aliments autres que les aliments azotés.

Ne peut-on pas obtenir du suc gastrique ? — Si, en pratiquant sur un chien, par exemple, l'opération de la fistule stomacale ; alors le liquide s'écoule au dehors, et on peut le recueillir. On s'en sert alors pour faire des digestions artificielles. On le met dans une éprouvette avec différents aliments, à la température de 40°, et on voit sur lesquels il agit.

Citez des noms de Physiologistes qui se sont occupés de cette question. — Réaumur, Spalanzani, le docteur Beaumont, Schwann, Müller etc.

Comment Spallanzani se procurait-il du suc gastrique ? — En faisant avaler à des corbeaux des éponges, tenues par des ficelles et en les retirant lorsqu'elles étaient imprégnées.

Que deviennent les peptones ?—Elles sont immédiatement absorbées par les parois de l'estomac, en même temps que certains liquides (eau, alcool étendu...), et emportées par le torrent de la circulation.

DIGESTION INTESTINALE.

Quels sont les aliments restés inaltérés dans l'estomac ? — 1º Les sucres cristallisables (sucre de cannes), 2º les graisses, 3º les féculents, 4º les albuminoïdes qui n'ont pas eu le temps de se transformer dans l'estomac.

Que deviennent ces aliments ? — Les contractions de l'estomac les poussent vers l'intestin où ils passent en vainquant la résistance du *sphincter pylorique* qui s'oppose à leur passage.

Décrivez les intestins et les glandes qui s'y déversent. — L'intestin est un tube contourné dont la longueur, chez l'homme est 7 fois celle du corps. Il se partage en deux parties principales, *l'intestin grêle g* qui fait suite à l'estomac, et le *gros intestin* ou *côlon*. L'intestin grêle débouche sur le côté du gros intestin qui se termine là en cul de sac *(cœcum)* muni d'un prolongement étroit *(appendice vermiculaire (av)* (fig. 7). Une *valvule* placée au point de jonction empêche le retour des aliments du gros intestin dans l'intestin grêle.

La paroi de l'intestin est très musculaire ; elle renferme des glandes nombreuses et est hérissée de villosités qui sont les organes principaux de *l'absorption.* On remarque aussi un grand nombre de plis transversaux *(Valvules conniventes).*

Combien y a-t-il de parties dans l'intestin grêle ? — De l'estomac au gros intestin il y a : le *duodénum,* le *jéjunum, l'iléon.*

Deux glandes se déversent dans l'intestin grêle tout près de l'estomac : le *foie (f* fig. 7) et le *pancréas* (*p*), le foie par le canal *cholédoque (ch),* le pancréas par deux canaux : le canal de *Wirsung* (*w*) et le canal *supplémentaire (sp).* Le canal de Wirsung et le canal cholédoque débouchent tous les deux au même point dans un enfoncement fermé par un sphincter (ampoule de Vater) qui s'ouvre au contact d'un acide, par

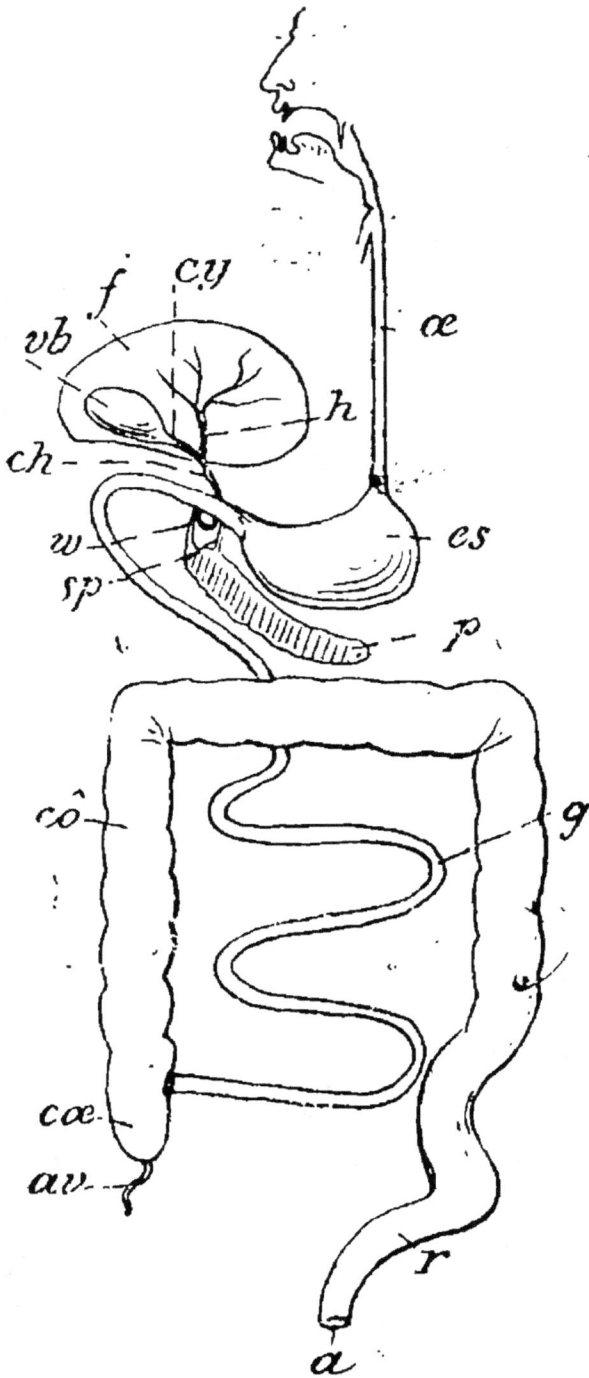

Fig. 7. — Tube digestif.

exemple du liquide acide de l'estomac entraîné par les aliments qui en viennent.

Qu'est-ce que le foie ? — Le foie est une grosse glande brune, située au-dessus de l'estomac et sur la droite, à contour irrégulier. Dans l'intérieur se ramifient une foule de canaux *(acini)* qui se réunissent tous en un canal *(canal hépatique)*. La bile produite par les acini, afflue vers le canal hépatique qui se prolonge par le canal cholédoque. Une dérivation *(canal cystique, cy* fig. 7) du canal hépatique remonte vers une poche *(vésicule biliaire, vb)*, dans laquelle la bile qui se produit *constamment* dans le foie et ne s'écoule que *par intermittence* dans l'intestin, vient s'emmagasiner quand l'ampoule de Vater reste fermée.

Qu'est-ce que le pancréas ? — C'est une glande située dans la première anse du duodénum, qu'à cause de sa structure et de son aspect on a quelquefois appelée la glande salivaire de l'intestin. — Elle secrète le suc pancréatique d'une façon intermittente.

Qu'est-ce que le suc pancréatique ? — C'est un liquide clair, visqueux, alcalin qui renferme une *diastase*.

Quel est le rôle de la bile ? — 1° Etant alcaline elle neutralise l'acide du suc gastrique entraîné par les aliments qui sortent de l'estomac, et par conséquent *arrête la digestion stomacale* : 2° Comme un animal qui a une fistule biliaire *maigrit*, et que ses excréments sont d'une fétidité extraordinaire, il est probable que la bile a une action sur la digestion des graisses et empêche la putréfaction des excréments dans l'intestin ; 3° la bile contracte les villosités intestinales et les muscles de l'intestin, ce qui produit les *mouvements vermiculaires* destinés à faire progresser les aliments ; 4° Elle paraît produire après chaque digestion la chute de l'épithélium de l'intestin qui fait ainsi peau neuve après chaque digestion.

Quel est le rôle du suc pancréatique ? — Il ne peut agir que s'il est alcalin.

1° Il achève la digestion des albuminoïdes, 2° *émulsionne* les graisses (les réduit en globules extrêmement petits) ; 3° transforme, par sa diastase, les féculents en glucose ; 4° Il *saponifie* le graisses (les dédouble en glycérine et acide gras).

Quelles sont les glandes que l'on trouve le long des intestins ? — Dans le duodénum des glandes en grappe (glandes de Brünner) dont le rôle est inconnu, et dans le reste de l'intestin des glandes en tube (glandes de Lieberkühn) qui secrètent le *suc intestinal*. Enfin certaines cellules épithéliales, perforées au sommet (*cellules caliciformes*) semblent des cellules glandulaires.

Quelles sont les propriétés du suc intestinal ? — Après le foie et le pancréas tout est digéré sauf le sucre de canne. Ce sucre est *soluble*, mais non assimilable, même si on l'introduit directement dans le sang par injection. Il faut qu'il soit interverti, c'est-à-dire transformé en *glucose*. C'est ce que fait le suc intestinal grâce à son *ferment inversif*.

Il n'y a pas de ferment inversif dans le gros intestin.

ABSORPTION

Comment se fait l'absorption ? — Elle se fait par toute la surface épithéliale de l'intestin, mais surtout par les *villosités intestinales*. Chaque villosité contient un canal en cul de sac (*chylifère, c* fig. 8), une artère (*ar*) qui amène le sang et une veine qui l'emporte. Les chylifères des villosités forment un riche réseau (fig. 9) qui conflue vers une poche (*citerne de Pecquet (pq)*, laquelle se continue par le *canal thoracique*

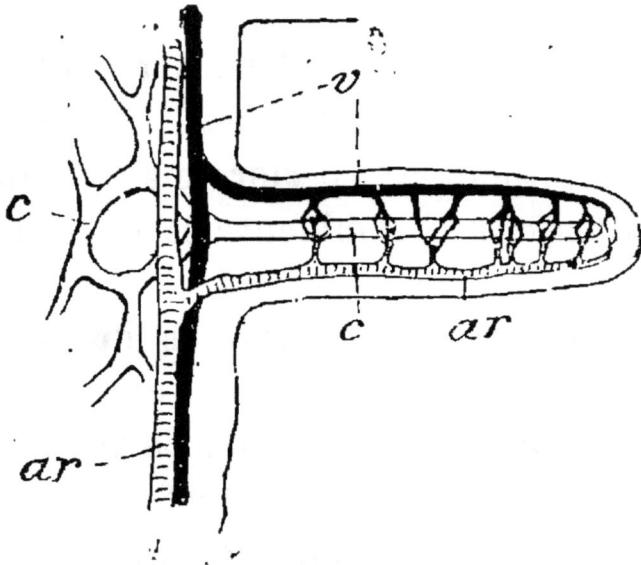

Fig. 8. — Villosité.

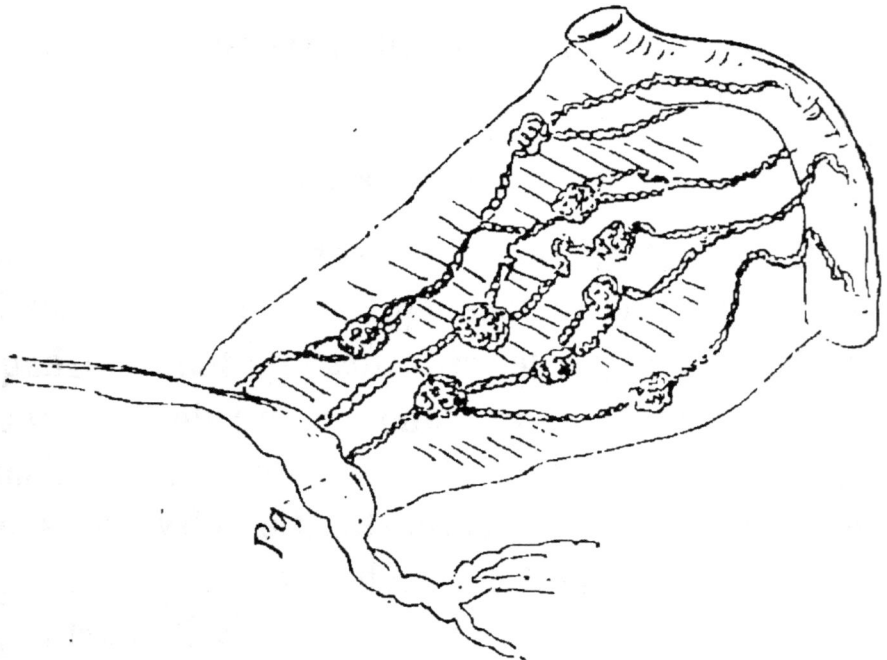

Fig. 9. — Chylifère.

RÉSUMÉ

Fonctions { destinées à conserver l'individu............ **F. de Nutrition.**
d° à le mettre en relation avec le monde extérieur.................... **F. de Relation.**
d° à perpétuer l'espèce............... **F. de Reproduction.**

Fonctions de Nutrition { 1° Digestion ;
2° Circulation ;
3° Respiration ;
4° Sécrétions.

DIGESTION

Transformation des aliments en matières solubles assimilables.

Aliments *féculents* — transformés en *glucose.* { Une partie par la *diastase salivaire* (ou ptyaline).
Le reste par la *diastase pancréatique.*

Aliments *Albuminoïdes* — transformés en *peptones.* { Une partie par le *suc gastrique.*
Le reste par le *suc pancréatique.*

Graisses — émulsionnées et saponifiées par le *suc pancréatique.*

Sucre de canne — interverti en sucre assimilable par le *suc intestinal.*

N. B. — La pepsine du suc gastrique n'est active que dans un milieu *acide* ; le suc pancréatique ne peut agir que dans un milieu *alcalin.*

L'ABSORPTION des substances digérées se fait par toutes les parois de l'intestin et surtout par les *villosités.*

qui à son tour se déverse dans le système circulatoire (*veine sous-clavière gauche*)— Les liquides, les glucoses, passent surtout par les veines; les peptones, les graisses sont absorbées par les chylifères.

Que deviennent les résidus de la digestion ? — Ils s'accumulent dans le gros intestin d'où ils sont expulsés.

Par quoi l'intestin est-il soutenu dans la cavité abdominale ? — Par le *péritoine*, membrane *séreuse* qui tapisse toute la paroi abdominale. Ce péritoine forme des replis *(mésentère)*. Entre les deux feuilles du mésentère se trouve l'intestin qui pend ainsi dans l'abdomen.

CIRCULATION

Que deviennent les substances absorbées par le tube digestif ? — Elles vont enrichir un liquide nutritif, *le sang*, avec lequel elles se mèlent.

Qu'elle est l'utilité du sang ? — C'est une sorte de commissionnaire qui va porter à tous les organes qui travaillent, la nourriture et l'oxygène dont ils ont besoin : le tube digestif lui fournit la nourriture, les poumons lui donnent l'oxygène.

Le sang ne fait-il que porter la nourriture aux organes ? — Il se charge aussi dans les différentes parties de l'organisme, de toutes les substances de déchet (acide carbonique, urée,) et les porte aux organes chargés de les expulser.

Comment nomme-t-on les canaux qui conduisent le sang ? — Des *vaisseaux* et l'ensemble des vaisseaux constitue *l'appareil circulatoire*.

De quoi se compose le sang ? — C'est un liquide rouge, alcalin, à saveur salée. Il se compose de deux parties *(plasma* ou *liquor)* tenant en suspension des globules solides *(cruor)*.

Dans le cruor on trouve des *globules blancs* et des *globules rouges*. Les globules blancs ont une forme irrégulière, ils sont incolores et l'action de l'eau ou de l'acide acétique, y fait apparaître de 1 à 4 noyaux. Ils ont des mouvements propres et sont moins nombreux que les globules rouges (1 p. 300), mais leur nombre varie d'un individu à l'autre et même aux différents moments de la journée (plus abondants après les repas).

Les globules rouges sont discoïdes, biconcaves,

colorés par l'*hémoglobine* (5,000,000 par m. m. c.) *ils sont le véhicule de l'oxygène* qui, dans les poumons, forme avec l'hémoglobine de l'*oxy-hémoglobine,* laquelle, emportée par la circulation, cède de son oxygène aux tissus. Les globules rouges contiennent un peu de *fer.* On ne sait pas au juste d'où viennent les globules rouges.

La partie liquide du sang (plasma) contient beaucoup d'eau (800 p. 1000) des substances albuminoïdes dissoutes (fibrine), puis un peu de matières grasses (2 à 4 p. 1000), des glucoses, de l'urée, des sels *(NaCl, NaOCO², NaOPhO⁵).*

Il y a aussi un peu d'oxygène dissous et de l'acide carbonique (surtout dans le sang veineux) *combiné avec les carbonates de soude* qui deviennent ainsi des bicarbonates.

Que fait le sang extravasé quand on l'abandonne à lui-même ? — La fibrine se précipite, tombe au fond du vase entraînant les globules. Le plasma défibriné qui reste au-dessus est le *sérum,* et le cruor, plus la fibrine, qui est au fond est le *caillot.* On peut défibriner le sang et, par suite, empêcher sa *coagulation* en le battant avec des verges qui retiennent la fibrine après leurs brindilles.

— Quand il est oxygéné il est rouge, fluide,
(sang qui sort des poumons); quand il renferme
de l'acide carbonique, il est noiràtre, peu fluide
(sang qui a nourri les organes).

APPAREIL CIRCULATOIRE

Qu'entend-on par ces mots : « le sang circule : »
— Quand on suit le sang dans son trajet à travers le corps, à partir d'un point, on constate
qu'il finit par revenir à son point de départ
comme s'il décrivait *un cercle.*

Décrivez la circulation. — Le sang part d'une
poche musculaire *(ventricule gauche vg* fig. 10*)*
s'échappe par l'*aorte ao,* se distribue aux différents organes par des canaux de plus en plus
petits qui finissent par devenir *capillaires c.* C'est
dans ces capillaires que le sang abandonne aux
tissus ses principes nutritifs et son oxygène, se
charge des déchets et, de *rouge* et fluide, devient
noir et épais.

Puis les capillaires se réunissent en vaisseaux de plus en plus gros qui viennent se jeter
dans la *veine cave vc.* Celle-ci se déverse dans une
2ᵉ poche *(oreillette droite od)* située au—dessus et

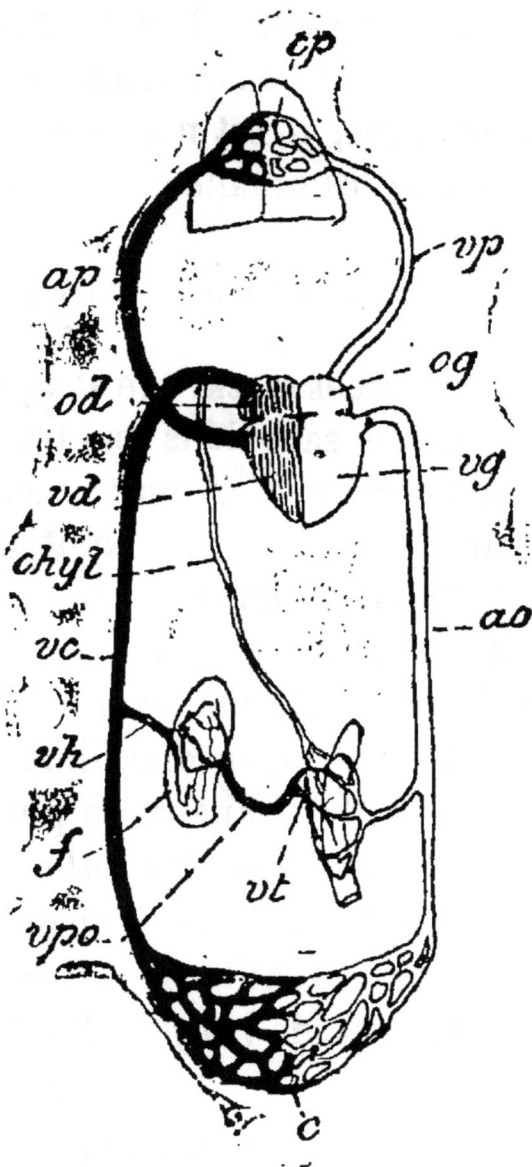

Fig. 10. — Circulation.

à droite de du v. gauche et qui envoie le sang noir dans le *ventricule droit vd* situé au dessous.

Le sang (noir) part du v. droit par l'*artère pulmonaire ap*, se distribue dans les capillaires *cp* du poumon où, en présence de l'oxygène, il redevient rouge et perd son acide carbonique. Il revient alors à l'*oreillette gauche* par les *veines pulmonaires vp*. De l'oreillette gauche il passe dans le v. gauche et le même circuit recommence.

Je vois bien où le sang retrouve l'oxygène qu'il a perdu, mais où retrouve-t-il ses principes nutritifs? — C'est sur le trajet de la veine cave. Ils y arrivent par 2 voies : 1º la voie sanguine: les veines *vt* du tube digestif chargées des sucres, des liquides, des peptones, se rendent dans le foie par la veine porte *vpo*, puis dans la veine hépatique *vh* qui elle même se déverse dans la veine cave ; 2º la voie du chyle ; (voir plus haut) ; le canal thoracique *th* se déversant dans la v. sous clavière gauche et de là dans la veine cave.

Comment nommez-vous l'organe composé des quatre cavités : oreillette droite, ventricule droit, o. gauche, v. gauche ? — C'est le *cœur*.

Qu'est-ce qu'une veine, une artère ? — On

nomme *artère* tout vaisseau qui *emmène le sang du cœur*, et *veine* tout vaisseau qui *ramène le sang au cœur*. De sorte qu'une veine peut contenir du sang rouge ou *artériel* (veines pulmonaires) et une artère, du sang noir ou *veineux* (artère pulmonaire).

De plus une artère renferme beaucoup de tissu élastique et par conséquent reste béante même lorsqu'elle est vide, tandis qu'une veine, pauvre en tissu élastique, s'affaisse quand elle est vide.

Comment s'appelle la circulation du poumon ? — La *petite circulation*. On nomme *grande circulation* la circulation des autres organes. La petite circulation a été découverte par **Servet**; la circulation générale par **Harvey**.

Décrivez le cœur. — C'est un organe placé au milieu de la poitrine sa forme est conique, le sommet en bas, vers la gauche. Il est entouré d'une membrane séreuse (*péricarde*) destinée à éviter les frottements. C'est un *muscle creux*.

Il est creusé de 4 cavités : 2 oreillettes en haut, peu musculeuses, 2 ventricules en bas, très musculeux ; le vent. gauche étant plus musculeux et plus grand que le droit.

3

*Les oreillettes ne communiquent pas entre elles
ni les ventricules entre eux.*

Considérons la moitié droite du cœur (les cho-
ses se passent de la même façon de l'autre
côté) ; l'oreillette reçoit deux veines caves *v.*

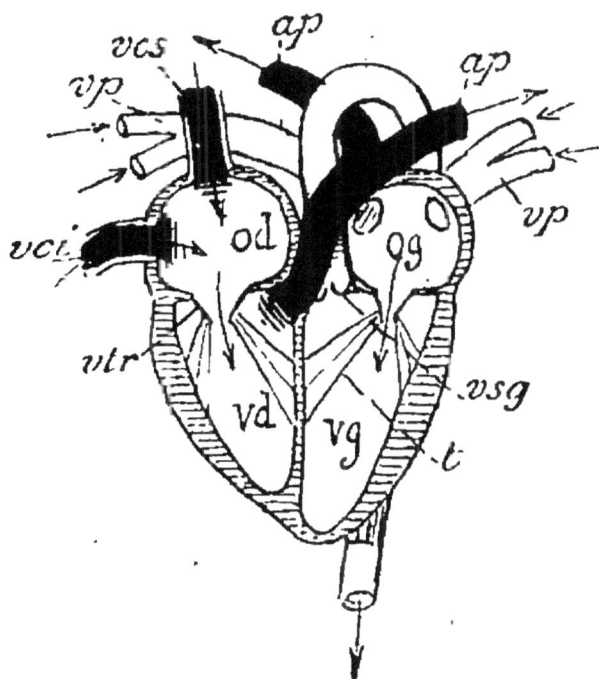

Fig. 11. — Cœur.

cave supérieure (vcs fig. **11**), ramenant le sang
des parties supérieures du corps, *v. cave inférieure, vci,* ramenant le sang des parties inférieures. — Du vent. droit part une artère *(art.
pulmonaire ap)* qui conduit le sang aux poumons.

Supposons l'oreillette pleine de sang : elle se contracte, le sang ne peut remonter dans les veines caves, car leur base s'étant contractée aussi, elles sont fermées. — Mais le ventric., se dilatant, le sang refoulé de l'oreillette passe dans le ventricule par l'*orifice auriculo-ventriculaire.*

Puis le ventricule, plein de sang, se contracte : le sang ne peut remonter dans l'oreillette (quoique celle-ci se dilate à ce moment) parceque'il y a une valvule *(tricuspide v. tr)* qui bouche l'orifice auriculo-ventriculaire. Le sang du ventricule s'échappe alors par l'artère pulmonaire.

Le ventricule vide se dilate, pendant que l'oreillette achève elle-même de se dilater et de se remplir. Dans ce mouvement de dilatation du ventricule le sang pourrait revenir de l'artère pulmonaire dans le ventricule s'il n'y avait pas, à l'entrée de l'artère, des valvules *(sigmoïdes vsg, en nid de pigeons)* qui s'opposent à son retour.

Puis le ventricule continuant à se dilater, l'oreillette se contracte et le même jeu recommence.

La valvule tricuspide ne risque-t-elle pas de se retourner par la poussée du sang du ventricule contracté ? — Non, car elle est attachée par des tendons aux parois du ventricule.

Ces tendons *t*, lâches quand la valvule est ouverte sont très tendus quand elle est fermée.

Comment est faite la valvule tricuspide ? — Ce sont trois lames attachées le long des bords de l'orifice auriculo-ventriculaire, qui pendent dans la cavité du ventricule et viennent s'accoler par leurs bords libres quand le ventricule se contracte.

La valvule de l'orifice auriculo-ventriculaire gauche est-elle identique à la valvule tricuspide ? — Non ! Elle n'est formée que de deux lames. On l'appelle la *valvule mitrale*.

Vous avez dit que « l'oreillette, le ventricule se dilatent», est-ce exact ?—Lorsque la contraction cesse, les muscles sont dans un état de relâchement qui fait revenir l'oreillette ou le ventricule à sa dimension première; la dilatation (*diastole*) est un phénomène passif tandis que la contraction (*systole*) est un phénomène actif.

Quels sont les mouvements des deux moitiés du cœur l'une par rapport à l'autre ? — La systole et la diastole des deux oreillettes se font en même temps. De même pour les ventricules.

Quel est le rythme des mouvements du cœur ? — 1° Contraction de l'oreillette, dilatation du ventricule ; 2º dilatation de l'oreillette, contraction du ventricule ; 3º dilatation de l'oreillette et du ventricule.

Le cœur ne produit-il pas certains bruits ? — A quoi sont-ils dus ? — Un soufflement suivi d'un coup sec et sourd, puis un repos.... nouveau soufflement, coup sec, repos..Le soufflement est dû (peut-être) au passage rapide du sang dans les artères pendant la systole des ventricules ; le coup sec, au clapotement dû à la fermeture brusque des valvules sigmoïdes pendant la diastole des ventricules.

Quand on met la main sur la poitrine que ressent-on ? — Un choc probablement produit par le cœur dont la pointe se relève pendant la systole des ventricules et vient frapper la poitrine.

Quelle est donc la force qui pousse le sang dans le système artériel ? — C'est la force de contraction des muscles du ventricule.

Mais alors, lorsque le ventricule est en diastole, le sang devrait cesser de marcher en avant dans les artères et sa marche devrait être intermittente au lieu d'être continue comme on l'observe ? — Oui *si les artères n'étaient pas élastiques*. Mais lorsque le ventricule se contracte, les artères *sont distendues* par le flot de sang qui leur arrive, et lorsque le ventricule dilaté ne pousse plus le sang, les artères distendues pressent sur lui, jusqu'à ce qu'elles aient repris leur dimension normale. Or, les valvules sigmoïdes étant fermées, le sang ne peut pas revenir en arrière, c'est pourquoi il marche en avant et les artères se vident peu à peu par les capillaires jusqu'à ce qu'un nouveau flot de sang vienne les distendre de nouveau.

Peut-on observer cette distension des artères à chaque systole du ventricule? — Oui, en comprimant une artère entre le doigt et un os : c'est le phénomène du pouls.

Existe-t-il un pouls veineux? — Non ! dans les cas ordinaires ; mais dans le cas où les artérioles sont très dilatées (fièvre, chaleur...), le sang passant plus vite, les battements du cœur sont plus rapides et le pouls se fait sentir jusque dans les veines.

Comment dès lors, le sang fait-il pour circuler dans les veines ? — S'il s'agit de la partie supérieure du corps, le sang n'a qu'à redescendre au cœur par son propre poids. (Veines de la tête, des bras, des poumons). Le mécanisme est autre pour les veines de la partie inférieure du corps : 1º Il y a une faible aspiration causée par la dilatation de l'oreillette; 2º Une aspiration plus forte produite par l'inspiration Quand on *inspire* une tendance au vide se fait dans la poitrine et, par suite, appel du sang dans les veines de la région thoracique; 3º Les veines de la partie inférieure du corps ont des valvules en nids de pigeon, à ouverture tournée vers le haut, et qui, par conséquent, ne s'opposent pas à l'ascension du sang, mais s'opposent à sa descente. Dès lors toute contraction d'un muscle voisin de la veine étrangle et comprime cette veine et le sang ne pouvant descendre, est obligé de monter.

Quelle est la vitesse de la circulation ? — En 24 heures le sang parcourt 3700 fois le corps entier.

Citez quelques artères principales. — Du ventricule gauche part l'aorte qui se recourbe à gauche (*crosse de l'aorte*), elle envoie dans la tête les *artères carotides;* dans les bras, les *artères axillaires* et *brachiales;* le *tronc cœliaque* qui se trifurque et envoie une branche à l'estomac, une au foie (*artère hépatique*) une à la rate (*artère splénique*); les *artères mésentériques* qui vont dans les intestins; les *artères rénales,*

RÉSUMÉ

Liquides circulant dans le corps
{
  Sang
  {
    Une partie liquide : le *plasma.*
    {
      Eau......................
      Sels (NaCl, NaCO², NaOPhO⁵)
      Graisses ....
      Fibrine ....
    } *Sérum*

    Des globules solides qui forment le *Cruor.*
    {
      Globules blancs ....
      Globules rouges, charrient l'O
    } *Caillot*
  }

  Lymphe. — Liquide blanc renfermant les *corpuscules lymphatiques.*
}

La circulation peut être représentée de la façon suivante :

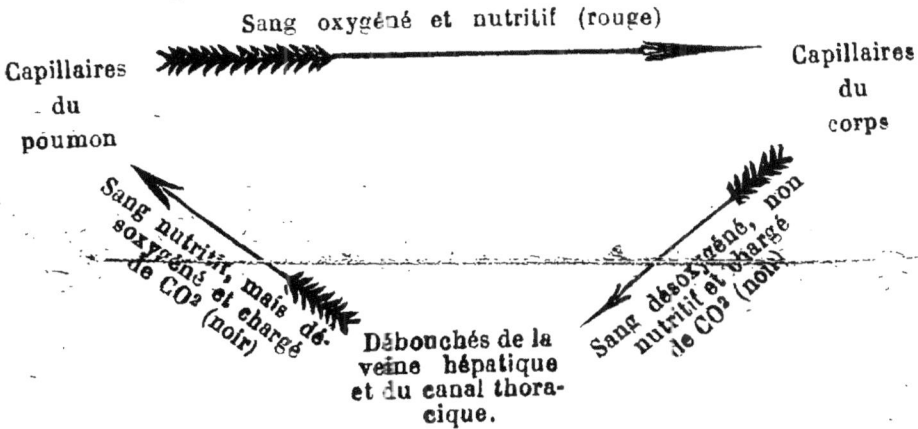

Sang oxygéné et nutritif (rouge)

Capillaires du poumon

Capillaires du corps

Sang nutritif, mais non oxygéné et chargé de CO² (noir)

Sang désoxygéné, non nutritif et chargé de CO² (noir)

Débouchés de la veine hépatique et du canal thoracique.

Le sang circule dans des *vaisseaux,*
{
  Artères — emmènent le sang du cœur.
  Veines — ramènent le sang au cœur.
}

Le sang est poussé dans les artères par le cœur, muscle creusé de 4 cavités.
{
  l'oreillette droite — envoie le sang dans
  le ventricule droit { d'où part l'artère pulmon. qui conduit le sang aux poumons ; il revient par les veines pulmonaires à
  l'oreillette gauche — d'où il passe dans le
  ventricule gauche — qui l'envoie dans le corps par l'artère aorte.
}

Valvules du système circulatoire
{
  Dans le cœur
  {
    empêchent le retour du sang du ventricule dans l'oreillette.
    {
      Valv. *tricuspide* (à droite)
      V. *mitrale* (à gauche).
    }
    à l'origine des artères — *valvules sigmoïdes.*
  }
  Dans les veines de la partie inférieure du corps : facilitent l'ascension du sang
}

qui irriguent les reins; les *artères iliaques* qui pénétrent dans les jambes. — En général les artères sont profondément situées et n'arrivent à la superficie qu'en quelques points de leur parcours (articulations).

Comment sont placées les veines? — Les veines sont, en général, plus superficielles que les artères. Il y a une ou deux veines pour une artère et elles suivent le même chemin.

Qu'est-ce que la veine porte? — Les veines qui viennent de l'intestin, de l'estomac, et de la rate *au lieu de déboucher dans la veine cave inférieure* se réunissent en une grosse veine *(veine porte) qui va se ramifier en capillaires dans le foie,* en se réunissant aux capillaires de l'artère hépatique; puis tous ces capillaires du foie forment une veine *(veine hépatique)* qui se jette dans la veine cave inférieure (1).

CIRCULATION LYMPHATIQUE

N'existe-t-il pas un liquide autre que le sang, circulant dans le corps? — La *lymphe* liquide blanc, contenant un grand nombre de

(1) Nous reviendrons sur ce point dans le chapitre des sécrétions.

corpuscules lymphatiques (cellules à mouvement amiboïdes). Les canaux lymphatiques sont répandus partout, ils communiquent avec toutes es séreuses, ont un aspect variqueux, sont interrompus de distance en distance par des renflements *(ganglions lymphatiques)*, abondants surtout à toutes les articulations.

Relativement au système lympathique qu'est.ce que le système chylifère ? — C'est le système lympathique spécial de l'intestin. Il se déverse dans la citerne de Pecquet et le canal thoracique avec tous les lympathiques de la partie inférieure du corps.

Le canal thoracique débouche dans la veine sous-clavière gauche.

N'y a-t-il pas un réservoir de la lymphe autre que le canal thoracique ? — Il y a la *grande veine lymphatique* qui se termine dans la veine sous-clavière droite et reçoit les lymphatiques de la tête (moitié droite), du cou, du diaphragme, du poumon droit et du bras droit.

RESPIRATION

Qu'est-ce que la respiration ? — C'est l'acte

par lequel on absorbe de l'oxygène et on exhale
de l'acide carbonique. Les poumons sont les
organes de la respiration.

Décrivez un poumon. — C'est une masse
élastique, creusée de
nombreuses cavités (*lo-
bules* fig. 12) tapissées
par une membrane épi-
théliale perméable aux
gaz. Chaque lobule est
entouré d'un réseau ca-
pillaire sanguin. Dans le
lobule se trouve de l'air
qui vient de l'extérieur
par la *trachée artère, les
bronches* et les *bronches
capillaires*. — L'échange
gazeux se fait dans le
lobule.

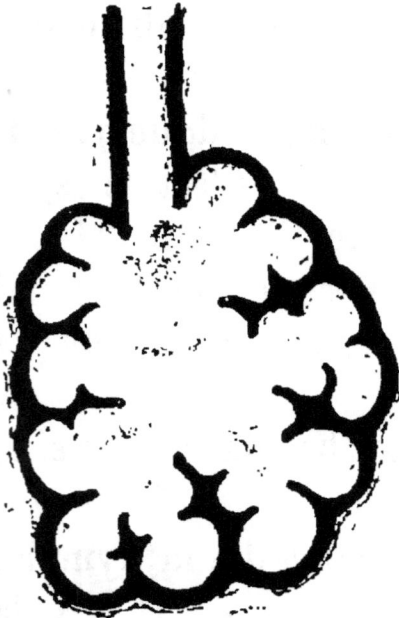

Fig. 12. — Lobule
pulmonaire.

Pourquoi les bron-
ches restent-elles toujours béantes? — Elles
sont soutenues par des anneaux de cartilage.
Les anneaux de la trachée sont incomplets. Ce
ne sont que de demi-anneaux.

**N'y a-t-il pas des glandes le long de l'arbre
respiratoire?** — Oui, des *glandes muqueuses* qui

lubréfient les parois et arrêtent les poussières. Ces mucosités elles-mêmes, sont expulsées par les *cils vibratiles* de l'épithélium des bronches qui déterminent par leurs mouvements un courant ascendant.

Qu'est-ce que l'os hyoïde ? — C'est un os qui soutient le larynx, se trouve au début de la trachée artère, et sert de point d'attache à différents muscles du pharynx et de la langue.

Où sont situés les poumons ? — Dans le thorax, cavité close, limitée par le cou, la colonne vertébrale, les côtes, le sternum et, en bas, par le *diaphragme*, membrane musculaire qui partage le corps en deux et sépare le *thorax* de l'*abdomen*.

Comment les poumons sont-ils placés dans le thorax ? — Chaque poumon est entouré d'une membrane séreuse (*plèvre*). Ils remplissent complètement le thorax, sauf la place entre eux deux pour le cœur. Appliqués exactement contre les parois du thorax, ils sont toujours distendus (ils s'affaissent dans le cas de plaie perforante à la poitrine).

Comment se fait la respiration ? — Les poumons suivent tous les mouvements de la cavité thoracique. — Pour l'*inspiration*, les côtes se soulèvent et s'écartent, le sternum est porté en haut et en avant, le diaphragme s'abaisse (tout cela par le jeu des *muscles inspirateurs*), le thorax, par suite le poumon, augmente de volume, il y a appel d'air (*inspiration*).

Pour l'*expiration*, les muscles expirateurs ramènent le thorax à sa première position, il y a refoulement du poumon, expulsion de l'air (*expiration*).

Quels sont les différents modes de respiration ? — La *respiration diaphragmatique*, c'est surtout le diaphragme qui fonctionne (hommes); la respiration costale, ce sont surtout les côtes supérieures qui entrent en jeu (femmes).

Quelle est la consommation moyenne d'oxygène ?—Pour un homme normal de 20 à 25 litr. en 1 h. Il y a dans le même temps expulsion de 15 à 20 l. d'acide carbonique, les proportions augmentent s'il y a un travail accompli par un organe quelconque. — Un homme adulte fait de 18 à 19 inspirations par minute.

Peut-on respirer sans danger de l'air comprimé ? — Oui, tant que la tension de l'oxygène ne dépasse pas celle qu'il a dans l'atmosphère, ou même le triple. L'oxygène pur n'

RÉSUMÉ

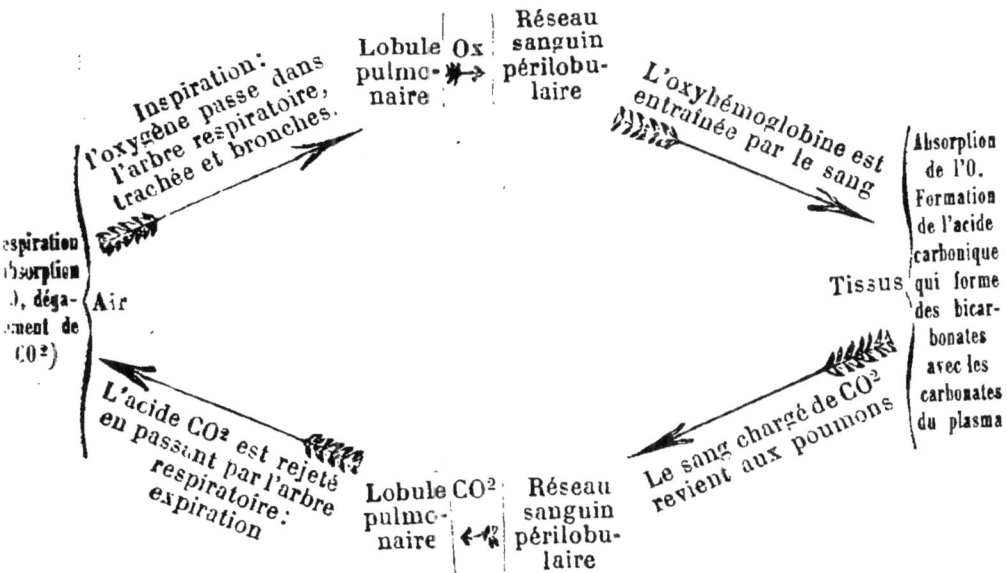

Inspiration : l'oxygène passe dans l'arbre respiratoire, trachée et bronches.

Lobule pulmonaire Ox → Réseau sanguin périlobulaire

L'oxyhémoglobine est entraînée par le sang

Respiration Absorption), dégagement de CO²)

Air

Absorption de l'O. Formation de l'acide carbonique qui forme des bicarbonates avec les carbonates du plasma

Tissus

L'acide CO² est rejeté en passant par l'arbre respiratoire : expiration

Le sang chargé de CO² revient aux poumons

Lobule pulmonaire CO² ← Réseau sanguin périlobulaire

un poison que si sa tension est supérieure à trois fois celle qu'il a dans l'atmosphère ; la respiration devient impossible si la tension de l'oxygène devient inférieure à celle qu'il a dans l'atmosphère (mal des montagnes).

SÉCRÉTIONS ET EXCRÉTIONS

N'y a-t-il que l'acide carbonique qui sorte du sang pour être rejeté ? — Il y a beaucoup d'autres substances : les unes, volatiles, sont expulsées simplement par *exhalation* à travers les membranes et en particulier l'épithélium du lobule pulmonaire (ex : alcool, ail). D'autres sont extraites du sang ou fabriquées aux dépens d'éléments extraits du sang par des organes spéciaux *(glandes)*.

Qu'elle différence y a-t-il entre une sécrétion et une excrétion ? — Quand le produit d'une glande est utilisé dans l'organisme on dit que c'est une *sécrétion* (salive, suc pancréatique), sinon c'est une *excrétion* (urée...)

Comment est faite une glande ? — Ce sont toujours des *cellules épithéliales* qui ont acquis une fonction spéciale. — Ces cellules, (fig. 13 et 14) tapissent des dépressions tubulaires de l'épithélium *(glande en tube)* ou des dépressions plus compliquées *(glandes en grappes)*; dans ce dernier cas, les cellules ne deviennent glandulaires que tout à fait à l'extrémité des culs de sac.

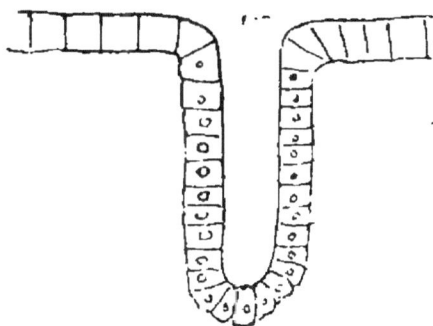

Citez les sécrétions principales. — *Sucre* du foie, salive, suc gastrique, suc pancréatique, suc intestinal.

Citez des excrétions. — Urée, sueur, bile dont cependant quelques éléments sont utilisés.

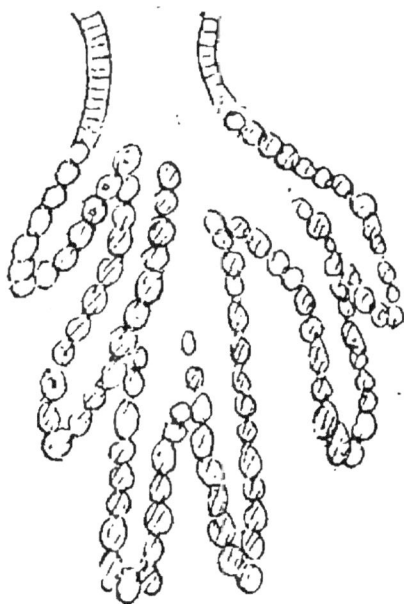

Dites ce que vous savez du foie et de ses fonctions. — Le foie est composé de cellules *c* (fig. 15) réunies

Fig. 13. — Glande en tube.

Fig. 14. — Glande en grappe.

par groupe *(lobule). Autour de chaque cellule* se trouvent les canaux biliaires *b*, sur le trajet desquels se trouvent les glandes productrices de la bile (1). Autour de chaque lobule (fig. 16), se trouve un réseau sanguin formé d'un rameau de la veine porte *vpo* et d'un rameau de l'artère hépatique *ah*. Au centre du lobule un rameau de la veine hépatique *vh*. Le sang *périlobulaire* se rend dans la veine hépatique centrale par un réseau capillaire qui arrose ainsi le lobule. Les cellules baignées par ce sang sont remplies d'une substance identique à l'amidon, c'est le *glycogène*.

D'où vient ce glycogène ? — C'est le glucose qui, amené du tube digestif par la veine porte, est, en partie, arrêté par le foie où il s'emmagasine sous forme de glycogène — Le foie laisse passer la quantité de glucose nécessaire aux organes.

Et si la veine porte n'amenait pas de glucose ? — Alors le glycogène du foie se transformerait en glucose pour les besoins de l'organisme.

(1) Pour la bile voir la digestion.

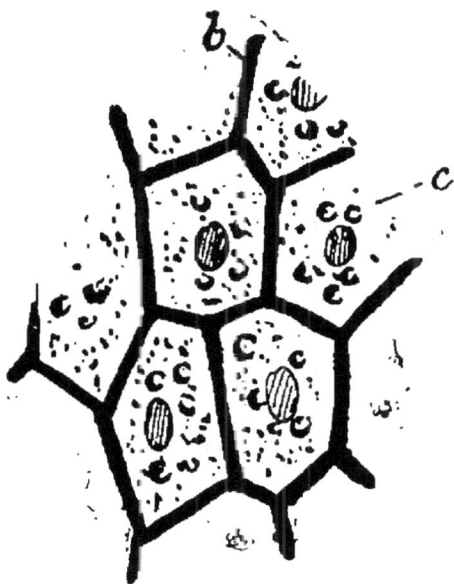

FiS. 15. — Cellules du foie.

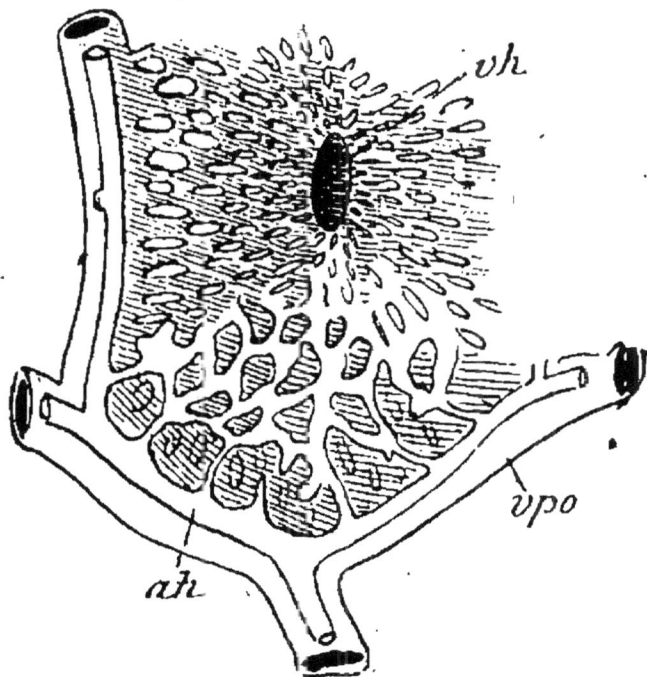

Fig. 16. — Circulation lobulaire.

Ce glycogène ne peut-il se produire qu'aux dépens du glucose ? — Il peut provenir aussi du dédoublement des albuminoïdes, avec formation d'*urée*.

De sorte que c'est dans le foie, et non dans le rein, que se forme l'urée ? — Oui.

Comment s'appelle cette fonction du foie? — La fonction glycogénique (découverte par Cl. Bernard).

LE REIN

Parlez du rein et de sa fonction — Il y a deux reins, situés de part et d'autre de la colonne vertébrale, dans la région lombaire. La forme d'un rein est celle d'un haricot (fig. 17). De la partie rentrante *(hile)* part le canal excréteur *u, (uretère)* qui aboutit dans une poche membraneuse, située en avant du rectum (partie inférieure du côlon), c'est la *vessie*.

Au hile aboutissent une artère *(artère rénale ar)* et une veine *(veine rénale vr)*.

L'uretère est le prolongement d'une chambre *b* *(bassinet)*, à parois mamelonnées *py (pyramides)* et percées de petits trous. Chaque trou est l'orifice d'un canal d'abord droit, puis contourné et se ter-

minant en coupe. (fig. 18). Dans la concavité de
la coupe se termine un rameau très pelotonné de

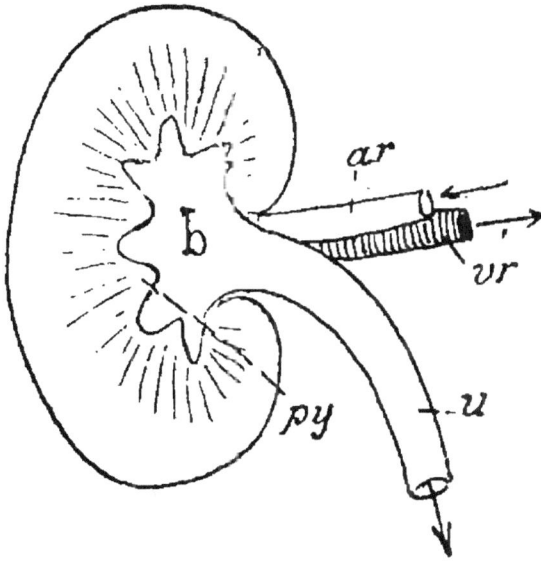

Fig. 17. — Rein.

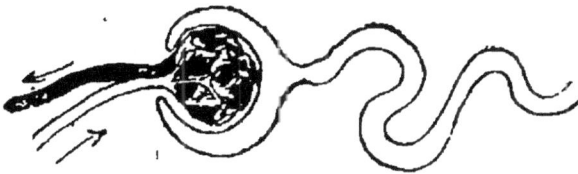

Fig. 18. — Glomérule.

l'artère rénale (glomérule de Malpighi). C'est du
sang du glomérule que l'eau passe dans le canal
avec de l'urée, de là dans le bassinet, l'uretère,
la vessie et l'extérieur.

Le rein n'est donc pas une glande, c'est un simple filtre.

Qu'est-ce que l'urine? — Liquide jaune, acide, contenant 93/100 d'eau; 3/100 d'urée, 1/1000 d'acide urique, du chlorure de sodium, des phosphates, etc.

LA PEAU.

L'urée ne peut-elle pas être expulsée par une autre voie? — Si, par la peau : il y a dans le derme (partie profonde de la peau) les *glandes sudoripares*, composées d'un canal contourné de façon à former comme une boule (fig. 19). Cette partie pelotonnée est entourée d'un réseau sanguin qui laisse filtrer dans le canal pe-

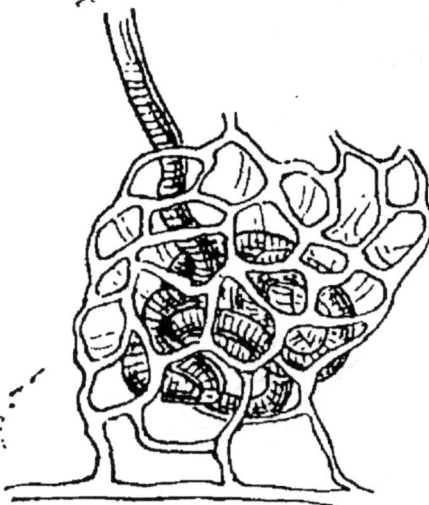

Fig. 19. — Glande sudoripare.

lotonné de *l'eau et de l'urée;* c'est la sueur. Elle se répand à la surface de la peau et s'évapore peu à peu.

N'y a-t-il pas d'autres glandes dans la peau?

RÉSUMÉ

Substances
extraites du sang
{ pour être utilisées ultérieurement (salive, suc gastrique.)............................. SÉCRÉTIONS.

pour être expulsées (urée)...................... EXCRÉTIONS

Principales glandes
{

Foie.... { Glande à glycogène.
Glande à bile.

Rein. — Filtre évacuant l'urée fabriquée dans le foie.
Peau.— Glandes sudoripares produisant la sueur.

Chaleur animale. — Produite par tout organe en activité, régularisée par l'évaporation de la sueur à la surface de la peau.

— Les *glandes sébacées*, à la base de chaque poil, et qui sécrètent une substance grasse.

CHALEUR ANIMALE.

D'où provient la chaleur animale ? — Tout organe en activité s'échauffe (glande qui sécrète, muscle qui se contracte); cette chaleur dégagée est uniformément répandue par le sang qui circule.

N'y a-t-il pas un modérateur de la chaleur animale ? — La transpiration : l'évaporation cutanée et pulmonaire étant activée par la production de la chaleur animale, et cette évaporation, à son tour, produisant d'autant plus de froid qu'elle est plus abondante.

NOTIONS SOMMAIRES SUR LES APPAREILS ET FONCTIONS DE NUTRITION DANS LA SÉRIE ANIMALE.

1° DIGESTION ET APPAREIL DIGESTIF

Quelles sont les variations de la structure du tube digestif ? — 1° L'appareil de *préhension* très variable (lèvres du cheval, trompe de l'éléphant, langue du fourmilier, bras à suçoirs du poulpe, etc.)

2° *Mastication*. — Dents en poinçon chez les insectivores, tranchantes chez les carnivores, ntriées en travers en forme de rape chez les rogeurs, en forme de meule chez les herbivores.

L'*estomac (mammifères)* formé de quatre poches chez les ruminants *(panse, bonnet, feuillet, caillette)* ; la panse est l'analogue du *jabot* des oiseaux.

L'*intestin*, court chez les carnivores, long chez les herbivores. — Chez le lapin le canal de Wirsung (pancréas) s'ouvre, non plus au même point que le canal cholédoque, mais à 20 centimètres plus bas. Les lapins ont aussi un grand cœcum qui est comme un deuxième estomac.

Oiseaux. — Un *jabot*, puis un estomac divisé en deux parties : la 1re très glandulaire *(ventricule succenturié)*, la 2e très musculeuse *(gésier)*, sert à la trituration des aliments ; l'intestin se termine par un *cloaque*.

Reptiles. — Pas de voile du palais. —Intestin court se terminant par un cloaque.

Crochets venimeux chez quelques-uns. Le venin est sécrété par une glande salivaire.

Poissons. — Tube digestif droit et court. —

Quelquefois une *valvule spirale* augmentant la surface d'absorption. — Pas de pancréas. — Le tube digestif est quelquefois en communication avec la vessie natatoire. — Pas de glandes salivaires.

CIRCULATION

Mammifères. — A peu près comme chez l'homme.

Oiseaux. — L'aorte se recourbe à droite au lieu de se recourber à gauche comme chez les mammifères.

Reptiles. — Le cœur n'a que 3 cavités : 1 ventricule 2 oreillettes (sauf crocodiles). De plus il y a 2 aortes, une à droite, une à gauche qui se réunissent au-dessous du cœur.

Poissons. — 1 seule oreillette, 1 seul ventricule d'où le sang noir part pour aller s'*hématoser* dans les branchies. Il y a une *veine porte rénale* chez les reptiles, les batraciens et les poissons.

Mollusques. — Une seule oreillette et un ventricule ; seulement il renferme du sang oxygéné et non pas comme chez les poissons du sang chargé d'acide carbonique. Le sang est incolore.

Crustacés. — Le cœur n'a plus qu'une cavité

enveloppée par un péricarde plein de sang venant des branchies ; de ce péricarde le sang entre dans le cœur et de là dans les artères.

Insectes. — Un cœur dorsal formé de renflements placés bout à bout et enveloppés d'un péricarde. — Il n'y a plus ni veines ni artères.

RESPIRATION

Mammifères. — Comme chez l'homme.

Oiseaux. — Poumons. — Seulement ces poumons communiquent avec des *sacs aériens* qui communiquent eux-mêmes avec les os *creux*, de sorte que l'oiseau peut se remplir d'air chaud.

Reptiles. — Le poumon n'est plus qu'un simple sac dans lequel ces animaux introduisent de l'air en l'avalant.

Batraciens. — Respirent quand ils sont jeunes par des branchies comme les poissons, et, adultes, par des poumons comme les reptiles.

Poissons. — Respirent par des branchies placées de chaque côté de la tête, recouvertes par un opercule et sur lesquelles ils font passer de l'eau contenant de l'oxygène en dissolution. —

La vessie natatoire qui contient de l'air peut dans certains cas servir à la respiration aérienne (Dipnoï).

Mollusques. — Respirent soit par des branchies placées dans une cavité recouverte par le manteau, soit par le manteau lui-même transformé en poumon (escargot).

Crustacés. — Les *branchies* des crustacés (écrevisse) sont des houppes qui dépendent des pattes et qui, chez l'écrevisse par exemple, sont recouvertes et protégées par un repli de la carapace.

Insectes. — Respirent l'air en nature par des *trachées* : petits tubes très nombreux, très ramifiés dans le corps, quelquefois renflés en sacs, maintenus béants par une spirale de *chitine* et venant s'ouvrir au dehors par un orifice nommé *stigmate*. Ces trachées sont baignées de toutes parts par le sang.

Vers. — Quelquefois ils possèdent des branchies en *houppes,* d'autres fois ils respirent par toute la surface de la peau.

CHALEUR ANIMALE

Quelques animaux peuvent supporter un

RÉSUMÉ

DIGESTION......
- *Mammifères.* — Les ruminants ont 4 poches stomacales.
- *Oiseaux.* — Jabot, ventricule succenturié, gésier, — un cloaque.
- *Reptiles.* — Pas de voile du palais, — un cloaque.
- *Poissons.* — Instestin droit à valvule spirale.

CIRCULATION....
- Animaux à sang chaud. — Cœur à 4 cavités. { *Mammifères.* / *Oiseaux.*
- Animaux à sang froid... { Cœur à 3 cavités. { *Reptiles.* / *Batraciens.*
- Cœur à 2 cavités. *Poissons.*
- Cœur à 2 cavités (artériel) .... *Mollusques.*
- Cœur à poches successives .... *Insectes.*

RESPIRATION....
- Pulmonaire . { .... { *Mammifères.* / *Reptiles.*
- et sacs aériens.................... *Oiseaux.*
- Mixte....... { Branchies dans le jeune âge; poumons à l'état adulte. .... *Batraciens.*
- Branchiale.. { Les branchies dépendent du tube dig. *Poissons.*
  - — du manteau. *Mollusques.*
  - — des pattes .. *Crustacés.*
- Trachéenne................................... *Insectes.*

abaissement considérable de leur température (animaux hibernants).

D'autres (reptiles, batraciens, poissons) subissent l'influence de la température extérieure (animaux à *sang froid*) : ceux qui conservent toujours à peu près la même température, sont des animaux à *sang chaud*.

FONCTIONS DE RELATION

Quelles sont les fonctions de relation ? — Le *mouvement* et la *sensibilité*. La première a pour organe les *muscles* et le *squelette*, la 2° le *système nerveux*.

Décrivez le squelette. En combien de parties peut-on le diviser ? — En trois : la *tête*, le *tronc*, les *membres*.

TRONC

Décrivez le tronc. — Il se compose d'un axe (*colonne vertébrale*) supportant : en haut, la tête ; sur les côtés, les côtes; en bas, le bassin.

La colonne vertébrale est composée de *vertèbres* : Chaque vertèbre est composée d'un disque osseux *c* (fig. 20) (*centrum, corps de la vertèbre*) sur la partie postérieure duquel se trouve un anneau *an* (*anneau neural*), qui port sur sa face dorsale une apophyse *ac* (*apophyse épineuse*). A droite et à gauche de la vertèbre des apophyses *at* (*apophyses transverses*) qui se

vent de point d'appui aux *côtes co.* — Il y a 33
vertèbres : 7 *cervicales* (cou), 12 *dorsales* (por-

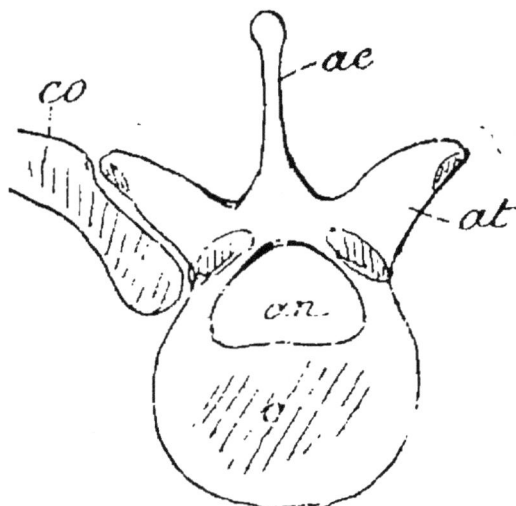

Fig. 20. — Vertèbre.

tant des côtes), 5 *lombaires* (reins), 9 *sacrées
et coccygiennes.*

**Les deux premières vertèbres cervicales qui
portent la tête n'ont-elles pas des noms particuliers ?** — *L'atlas*, annulaire, qui peut tourner
autour d'un prolongement vertical *(apophyse
odontoïde)* de la 2e vertèbre, *l'axis.*

**Les corps des vertèbres sont-ils simplement
superposés ?** — Non, ils sont séparés par un
disque fibrocartilagineux, élastique, ce qui
donne de la souplesse à la colonne.

Les vertèbres ne sont-elles pas rattachées les unes aux autres ? — Oui, par des ligaments élastiques *(ligaments jaunes)* qui relient les faces postérieures de deux vertèbres consécutives et redressent automatiquement l'axe vertébral lorsqu'il a été courbé.

Qu'est-ce qu'une côte ? — C'est un demi-cercle osseux articulé sur une vertèbre dorsale, et rattaché par un cartilage à un os plat *(sternum)* situé devant la poitrine.

Combien y a-t-il de côtes. — 7 vraies côtes et 5 fausses côtes. Ces dernières ainsi appelées parce que leurs cartilages ne se rattachent pas directement au sternum. Toutes ces côtes sont plus ou moins mobiles.

Les vertèbres sacrées n'ont-elles rien de particulier ? — Elles sont toutes soudées ensemble et forment un os plat, *le sacrum.* Les coccygiennes sont libres, petites, rudimentaires ; elles représentent la queue des mammifères.

MEMBRES

1° *Membre supérieur.*

Décrivez l'articulation de l'épaule. — Les os de l'épaule sont disposés en ceinture *(ceinture* *scapulaire*). Il y en a deux : la *clavicule* en avant, *l'omoplate* en arrière.

Qu'est-ce que l'omoplate ? — Os plat, triangulaire (fig. 21) placé sur le dos et rattaché au sternum par la clavicule ; l'omoplate peut tourner

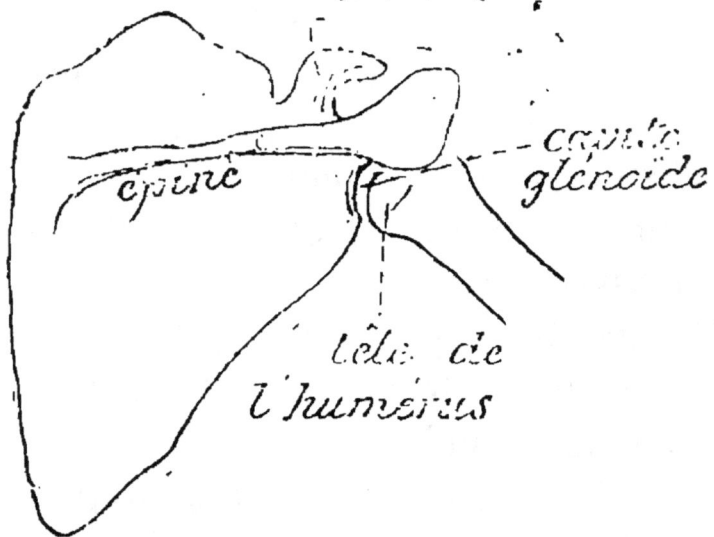

Fig. 21. — Omoplate.

autour de son articulation sur la clavicule et celle-ci autour de son articulation sur le sternum.

Comment s'articule le bras ? — L'*humérus* est un os long, renflé aux 2 bouts. La tête *t* de l'humérus se loge dans une cavité (glénoïde) de l'omoplate sous une voûte formée par 2 apophyses de l'omoplate (*acromion* et *os coracoïde*) reliés par un ligament. Quand le bras s'étend horizontalement l'humérus vient heurter la voûte et si le mouvement continue, l'omoplate

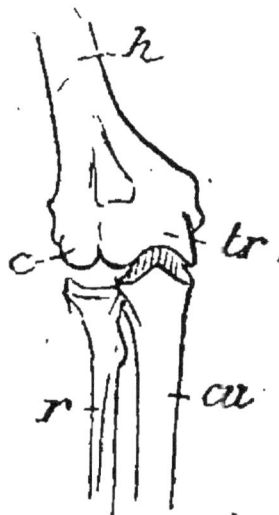

Fig. 22. — Articulation
du coude.

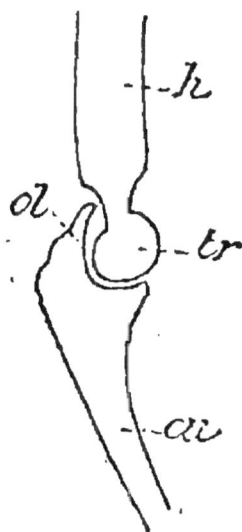

Fig. 23. — Radius.

et la clavicule tournent autour de leurs articulations.

Quels sont les os de l'avant-bras ? — *Radius* et *cubitus*.

Comment est faite l'articulation du coude ? — L'humérus se termine en bas (fig. 22) par une poulie *tr (trochlée)* du côté interne et une boule *c (condyle)* du côté externe. Le cubitus *cu*

se moule sur la *trochlée* et tourne par conséquent d'arrière en avant (flexion du bras). Il
porte une apophyse postérieure *ol*, (fig. 23) *(olé-
crane)* qui, lorsqu'il est étendu, vient heurter
l'humérus et empêche le bras de se ployer en
arrière.

Le radius (fig. 22) est terminé par un plateau
concave qui se moule sur le condyle, ce qui lui
permet de tourner sur lui-même et de se mettre,
soit parallèle au cubitus, soit en X avec lui. Or la
main ne s'attache que sur le radius. Dans le premier cas la *paume* de la main regarde en avant
(supination), dans le second cas elle regarde en
arrière *(pronation)*.

Le poignet est-il formé d'un seul os? — Il y
a 8 os *(carpe)* qui donnent plus de souplesse et
d'élasticité que s'il y avait un os unique.

**Comment est constitué le squelette de la
main?** — 5 os longs *(métacarpiens)* s'articulent
sur le carpe. Ils sont suivis des phalanges (3
pour chaque doigt, sauf le pouce qui n'en a que
2) dont la dernière porte l'ongle.

2° *Membre inférieur*

Qu'est-ce que le bassin? — Le bassin est formé d'os plats, solides, dont l'ensemble forme une

sorte de coupe contenant les viscères, ouverte en bas : l'ouverture étant en partie bouchée par les vertèbres coxygiennes qui reviennent en avant.

De chaque côté, il y a 3 os, l'*ilion*, l'*ischion*,

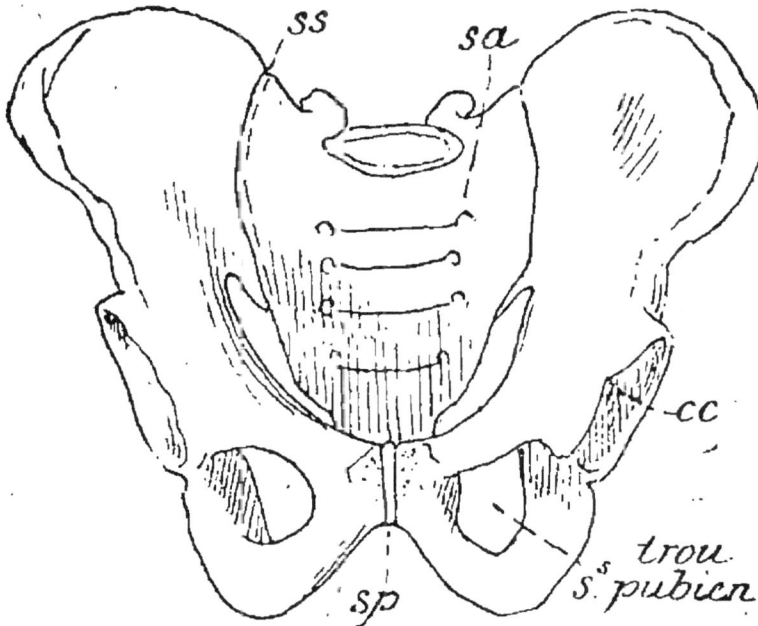

Fig. 24. — Bassin vu de face.

le *pubis*. L'iléon et l'ischion, en arrière, s'articulent en *symphise ss* avec le sacrum *sa* (surfaces osseuses rugueuses séparées par du fibro-cartilage). Les os articulés ainsi sont donc immobiles l'un sur l'autre. Le pubis droit s'articule aussi en symphise *sp*, avec le pubis gauche, fermant ainsi en avant la *ceinture pelvienne*.

Quelle est l'utilité de ces symphises? — La ceinture pelvienne est aussi solide que si elle était formée d'un seul os ; mais elle a plus d'élasticité et de souplesse, ce qui est utile, par exemple dans le saut.

Quelle différence y a-t-il entre le bassin de

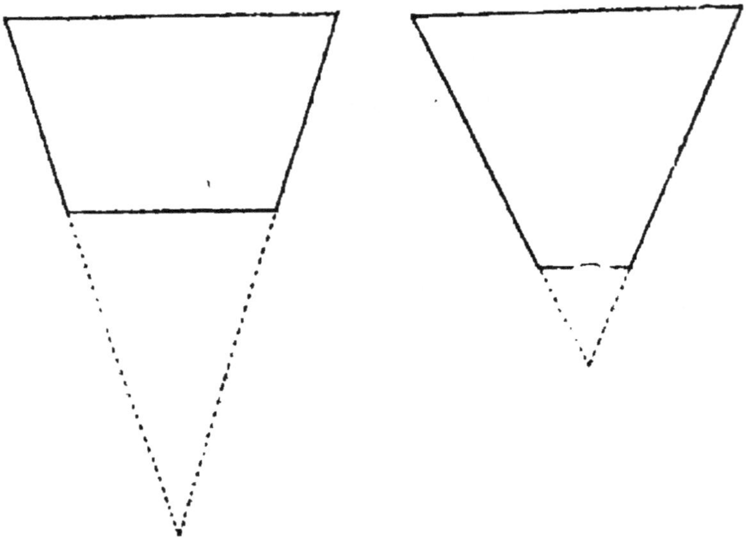

Homme.   Femme.

Fig. 25.

l'homme et celui de la femme ? — Celui de l'homme est haut et étroit, celui de la femme est large, surbaissé (fig. 25).

Quel est l'os qui forme la hanche ? — C'est l'ilion.

Où s'articule la cuisse ? — Au point de jonction des 3 os du bassin, il y a une cavité sphé-

rique *cc, (cotyloïde)* (fig. 24) dans laquelle vient
s'insérer la *tête du fémur* (os de la cuisse).

Comment est fait le fémur ? — Os long formé
de 2 parties formant entre elles un angle de 135°
(homme) ; la première partie, courte, est formée
par la *tête* et le *col* du fémur (fig. 26) (le col est

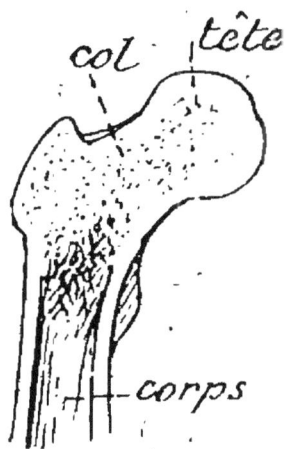

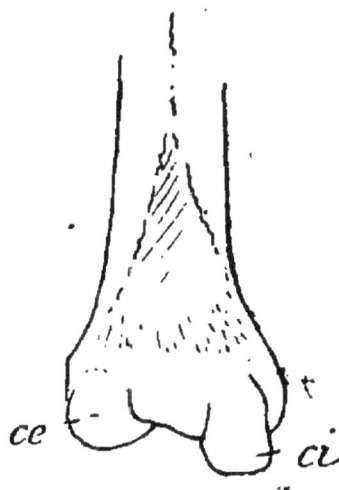

Fig. 26.   Fémur.   Fig. 27.

une partie rétrécie), la 2ᵉ partie, verticale, est le
corps du fémur.

**La tête du fémur est-elle simplement insérée
dans la cavité cotyloïde ?** — Elle est en outre
attachée au fond de cette cavité par un ligament
(*ligament rond*).

Comment est faite l'articulation du genou ?
— Le fémur est terminé à droite et à gauche par

2 saillies sphériques (*condyles*), *ci*, *cc*,(fig. 27);
qui s'insèrent dans **2** cavités correspondantes de
la partie supérieure du *tibia* (os de la jambe).
— En avant de cette articulation en poulie, se
trouve un petit os surajouté *(la rotule)* qui est
lié au tibia par un tendon et qui glisse sur la
poulie du fémur (trochlée fémorale) pendant la
flexion de la jambe.

**Pourquoi la flexion de la jambe ne peut-elle
pas se faire en avant ?** — Parce qu'il y a en
arrière et sur les côtés de l'articulation, des
ligaments qui se tendent quand la jambe est
dans le prolongement de la cuisse.

Le tibia est-il le seul os de la jambe ? —
Outre le tibia, gros os du côté interne, il y a un
autre os, grêle, un peu en arrière et du côté
externe (*le péroné*).

**Par quoi sont formées les chevilles ou
malléoles du pied ?** — La malléole externe est
formée par la partie inférieure du péroné; la
malléole interne par une saillie du tibia. Entre
ces deux malléoles se trouve une sorte de *mortaise* dont le plafond est formé par la base du
tibia.

Quel est l'os qui se loge dans cette mortaise?
— C'est le premier os du cou-de-pied ou *tarse*,

l'*Astragale*, qui peut tourner d'avant en arrière dans cette mortaise et permet ainsi la flexion du pied.

Comment se nomme l'os du tarse qui forme le talon ? — Le *Calcanéum*.

Combien y a-t-il d'os dans le tarse? — 7 : *l'astragale, le calcanéum, le cuboïde, le scaphoïde et les 3 cunéiformes.* — Ensuite viennent 5 *métatarsiens* et les phalanges.

Comment le frottement est-il évité dans les articulations mobiles ?— Les surfaces en contact sont toujours lisses et revêtues d'un cartilage extrêmement poli. En outre il y a entre elles une poche *(bourse synoviale)* remplie d'un liquide visqueux *(synovie)* qui facilite encore le glissement *(*ces bourses sont des membranes séreuses.)

TÊTE

Combien reconnaissez vous de parties dans la tête ? — Deux : le *crâne* (qui renferme *l'encéphale*) et la *face*.

Décrivez le crâne. — C'est une boîte dont la voûte est formée en avant par le *frontal,* sur les côtés par les *pariétaux,* en arrière par l'occipital qui se recourbe en dessous pour former une partie du plancher, et est percé d'un trou *(trou occipital)* par lequel passe la *moelle épinière.*

Le plancher est formé, d'avant en arrière, par l'*ethmoïde* percé de trous pour laisser passer les nerfs *olfactifs*(de l'odorat),puis le *sphénoïde* dont

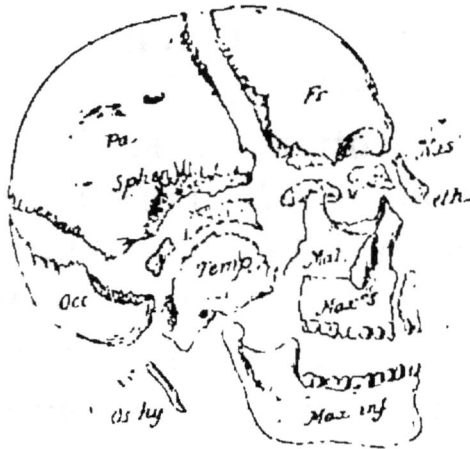

Fig. 28. — Tête.

les *ailes* remontent à droite et à gauche pour se joindre aux pariétaux, au temporal, ce qui achève la fermeture des parois du crâne.Le sphénoïde est percé de trous pour les nerfs optiques. Quant aux temporaux ils sont formés d'une partie dure *(le rocher)* dans lequel est creusée la loge de l'oreille,d'une partie écailleuse et fragilè (écaille temporale) et d'une apophyse dure (*mastoïde*);c'est en avant de cette apophyse que se trouve l'ouverture de l'oreille.

Quels sont les os principaux de la face ? — *Le maxillaire supérieur* qui s'unit au frontal, aux *os jugaux* (os des pommettes) et aux *os palatins* (qui forment la voûte du palais et vont s'attacher au sphénoïde), *le vomer* qui forme la cloison du nez dont le squelette est constitué par les os *nasaux* — Enfin le maxillaire inférieur dont les muscles moteurs passent sous un pont osseux (*arcade zygomatique*) qui va de l'oreille à la pommette.

Comment sont réunis les os de la tête ? — Ce sont des *sutures* en engrenage. Les os présentent sur leur bord des aspérités, des dents (fig. 28), qui s'engrènent dans des enfoncements correspondants des os voisins.

MOUVEMENT

Décrivez sur un exemple la façon dont s'effectuent les mouvements. — Les *muscles* moteurs sont attachés au squelette par leurs deux extrémités. Quand ils se contractent ils tendent à rapprocher leurs points d'attache : par exemple, dans le bras, le muscle *biceps* est attaché par un bout à l'humérus, par l'autre bout au

RÉSUMÉ

SQUELETTE.

Tronc; axe vertébral . . . .
- 7 vertèbres cervicales.
- 12 dorsales supportant les côtes.
- 5 lombaires.
- 9 sacro-coccygiennes.

Membres.

Supérieur articulé sur la ceinture scapulaire . . . .
- Omoplate.
- Clavicule.
- Humérus.
- Cubitus et radius.
- Carpe, métacarpe, phalanges.

Inférieur articulé sur la ceinture pelvienne . . . .
- Bassin. { Iléon. Ischion. Pubis. }
- Fémur.
- Tibia, péroné, rotule.
- Tarse, métatarse, phalanges.

Tête . . . . .

Crâne . . .
- Voûte . . . .
  - Frontal.
  - Pariétaux.
  - Temporaux.
  - Occipital.
- Plancher . . . .
  - Ethmoïde.
  - Sphénoïde.
  - Base de l'occipital.

Face . . . .
- Vomer, nasal.
- Malaires.
- Palatins.
- Maxillaires . . . . { Inférieur. Supérieur. }

cubitus; quand il se contracte, l'humérus, fortement attaché à l'épaule reste fixe, tandis que le cubitus se rapproche de l'humérus et le bras se plie.

MODIFICATIONS DU SQUELETTE DANS LA SÉRIE ANIMALE

Les invertébrés ont-ils un squelette ? — Les vertébrés seuls ont un squelette *osseux interne*.

Quelles sont les modifications principales du squelette chez les mammiferes ? — Chez les *chauves souris*, les doigts, sauf le pouce, deviennent très grands et supportent l'aile.

Chez les *cétacés* (baleines), les membres postérieurs disparaissent et les antérieurs très courts sont transformés en nageoires. — Chez les phoques les deux paires de membres deviennent des nageoires.

Le nombre des doigts diminue chez les ongulés de 5 à 1 (1 chez le cheval).

En général il n'y a de clavicule que chez les animaux qui ont à écarter latéralement les membres antérieurs.

Qu'a de particulier le squelette des oiseaux ? — Le sternum, mince, présente une crête (bréchet), les clavicules sont soudées ensemble *(fourchette)*, l'apophyse coracoïde très développée devient un gros os qui attache solidement l'épaule au sternum. — Les cartilages costaux sont remplacés par des os. — Chaque côte a un apophyse récurrente qui s'appuie sur la côte suivante — sur la plus grande partie de sa longueur la colonne vertébrale est rigide par la soudure des vertèbres — la dernière vertèbre coccygienne se relève en l'air *(croupion, sot l'y laisse)*.

Le fémur est horizontal et reporte la jambe sous le milieu du corps, ce qui permet l'équilibre.

La plupart des os sont creux.

Enfin la mâchoire inférieure ne s'articule pas directement sur le crâne, mais sur un os *(os carré)* qui, lui, s'articule sur le crâne.

Reptiles. — Côtes nombreuses — chez les crocodiles *sternum abdominal* — chez les tortues les côtes se soudent en une carapace et alors les clavicules et les omoplates sont à l'intérieur des côtes au lieu d'être à l'extérieur — la voûte palatine est incomplète.

Poissons. — Squelette compliqué. — Les nageoires s'articulent sur des os placés entre les apophyses épineuses *(os interépineux)*.

SENSIBILITÉ, SYSTÈME NERVEUX

Combien y a-t-il de parties dans le système nerveux ? — Le système *central* et le système *périphérique.*

Combien de parties dans le système nerveux central ? — Deux parties : le système *cérébrospinal* et le système *grand sympathique.* — Le système cérébro spinal lui-même comprend *l'encéphale* (situé dans le crâne) et la *moëlle épinière* située dans le *canal neural* formé par la superposition des anneaux neuraux des ver. tèbres.

MOELLE ÉPINIÉRE

Décrivez la moelle épinière. — C'est un cordon blanc qui va du trou occipital au coccyx et présente deux renflements : l'un à la hauteur des épaules (c'est de là que partent les nerfs des bras), l'autre dans la région lombaire (d'où partent les nerfs des jambes). Une section (fig. 29) montre au centre un canal *cc* (*canal de l'épendyme)* contenant le liquide *céphalorachidien.* Puis la *substance grise g* et, entourant le tout, la *substance blanche b.*

Quelle est la forme de la substance grise ?
— Elle forme, de chaque côté du canal de l'épendyme, un croissant ; les deux croissants sont réunis par un pont.

De chaque corne de l'un des croissants part un nerf ; le nerf antérieur *nm* est un nerf moteur

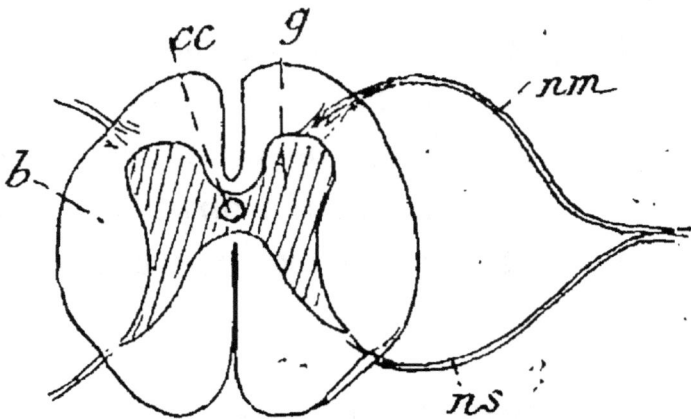

Fig. 29. — Moelle épinière.

(préside au mouvement), le nerf postérieur *ns* est un nerf de la sensibilité. Ces deux nerfs se réunissent *sans se confondre* et vont ensemble jusque dans les organes périphériques.

Quelle est la propriété caractéristique de la moelle ? — Elle a un pouvoir *réflexe*, c'est à dire qu'elle transmet, *réfléchit*, aux nerfs moteurs, les sensations qui lui arrivent par les nerfs sensitifs, et peut produire des mouvements dans lesquels la volonté n'entre pour rien.

Par où les nerfs issus de la moelle sortent-ils du canal neural ? — Par des orifices pratiqués entre deux vertèbres consécutives. — Mais la moelle est plus courte que le canal vertébral, et la partie terminale de ce canal est remplie par un paquet de nerfs *(queue de cheval)* qui naissent de la partie inférieure de la moelle et vont sortir par les trous intervertébraux situés plus bas.

ENCÉPHALE

Qu'est-ce que l'encéphale ? — Partie du système cérébro-spinal située dans le crâne. Elle se compose de bas en haut, du *bulbe rachidien* (partie élargie de la moelle) ; le bulbe se divise en deux parties qui forment les *pédoncules cérébraux* sur lesquels s'attachent le *cervelet, les tubercules quadrijumeaux, les couches optiques, les corps striés, les hémisphères cérébraux.*

Où se trouve la substance grise dans l'encéphale ? — A l'extérieur, et la substance blanche à l'intérieur (c'est l'inverse de ce qui se passe dans la moelle).

6

Comment appelle-t-on les cordons nerveux qui réunissent les parties symétriques de l'encéphale ? — Des *commissures* — on nomme *connectifs* les cordons qui sont plus ou moins dirigés parallèlement au plan de symétrie de l'encéphale.

Citez les commissures principales. — Le *pont de Varole* qui réunit l'un à l'autre, en passant sous le bulbe, les hémisphères du cervelet. — La *commissure blanche postérieure* réunissant les tubercules quadrijumeaux de gauche et ceux de droite, la *commissure grise* réunissant les couches optiques, la *commissure blanche antérieure*, allant d'un corps strié à l'autre. Enfin la large commissure, *corps calleux*, qui réunit les deux hémisphères cérébraux. Ce corps calleux est formé de deux lames la supérieure (*corps calleux proprement dit*), l'inférieure *trigone cérébral* ou *voûte à trois piliers*.

Qu'appelle-t-on ventricules du cerveau ? — Ce sont des cavités communiquant entre-elles et pleines du liquide céphalorachidien. Il y a 4 ventricules : le 4° a pour plafond le cervelet et pour plancher le bulbe, puis l'aqueduc de *Sylvius* (entre les tubercules quadrijumeaux) qui fait communiquer le 4° ventricule avec le

3ᵉ. Celui-ci a pour plafond le trigone cérébral et est limité, d'autre part, par les tubercules quadrijumeaux en arrière et les corps striés sur les côtés et en bas. Ce 3ᵉ ventricule communique avec les deux ventricules latéraux, creusés dans les hémisphères, par le *trou de Monro*.

Qu'est-ce que la glande pinéale ? Où se trouve-t-elle ? — C'est une petite masse qui repose sur la partie antérieure des tubercules quadrijumeaux, dans la région supérieure du 3ᵉ ventricule. (Siège de l'âme selon Descartes.) Elle est rattachée aux deux couches optiques par deux *connectifs*. (Rênes de l'âme). — La glande pinéale ou *épiphyse* est tout ce qui reste du 3ᵉ *œil* (œil épiphysaire) découvert chez les sauriens.

Qu'est-ce que l'hypophyse ou glande pituitaire ? — C'est un mamelon qui se trouve à la face inférieure de l'encéphale, dont le rôle est inconnu et dont une partie est formée aux dépens du tube digestif de l'embryon.

Comment appelle-t-on les enveloppes du cerveau ? — Les *méninges*. Elles enveloppent tout le système nerveux central et sont au nombre de 3 : 1ᵒ la *pie mère* ; 2ᵒ l'*arachnoïde* ; 3ᵒ la *dure mère*.

Quels sont les principaux nerfs issus de l'encéphale ? — 12 paires. 1e paire : *N. Olfactifs* (se distribuent dans le nez, partent de la partie antéro-inférieure de l'encéphale). 2° *N. Optiques* (nerfs de la *vue*, partent des tubercules quadrijumeaux et se croisent sous le cerveau en formant un *chiasma*) 3° *Moteur oculaire commun* (muscles de l'œil) ; 4° *Pathétique* (muscles de l'œil) ; 5° *Trijumeau* (glandes salivaires, dents, etc.) ; 6° *Moteur oculaire externe* (muscles de l'œil) ; 7° *Facial* (face) ; 8° *Acoustique* (oreille) ; 9° *Glossopharyngien* (langue et pharynx) ; 10° *Pneumogastrique* (préside à la respiration, à la digestion, aux mouvements du cœur) ; 11° *Spinal* (larynx et pharynx) ; 12° *Grand hypoglosse* (langue). Les 5 premières paires sont des nerfs cérébraux, les 7 autres partent de la moelle allongée.

Qu'est-ce que le système grand sympathique. — Le *grand sympathique* est formé d'une double *chaine ganglionnaire*, chaque ganglion étant réuni aux nerfs rachidiens qui viennent de la moelle par un cordon nerveux. — En général il y a de chaque côté de la colonne vertébrale 2 ou 3 ganglions cervicaux, 11 ou 12 thoraciques, 4 ou 5 abdominaux et 4 sacrés. De ces ganglions partent des nerfs qui vont à tous les viscères en s'anastomosant d'une façon très compliquée et formant des *plexus (pl. cardiaque, pl. mésentérique, pl. hypogastrique)*.

FONCTIONS DU SYSTÈME NERVEUX

Quelles sont les fonctions du grand sympathique? — Il domine, avec le pneumo-gastrique, les principaux viscères. Le pneumogastrique règle les mouvements du cœur, de la respiration et de la nutrition (on foudroie un animal en enfonçant une épingle au *nœud vital* point d'origine des nerfs pneumogastriques dans le bulbe rachidien). Le pneumogastrique est un *modérateur* des battements du cœur : son *excitation*, arrête les mouvements du cœur (syncope) ; au contraire les nerfs issus des ganglions cardiaques du grand sympathique accélèrent les battements du cœur. Il y a donc *antagonisme* des deux sortes de nerfs.

Le grand sympathique a aussi sous sa dépendance les *nerfs vaso-moteurs* qui dilatent (vasodilatateurs) ou contractent (vaso-constricteurs) les artérioles, activant ainsi ou entravant la nutrition des organes.

Quelles sont les fonctions de la moelle épinière? — Nous savons que des nerfs *sensitifs* arrivent à la moelle et que des nerfs *moteurs* en partent, nous avons vu précédemment que la moelle a un pouvoir réflexe.

Quelles sont les fonctions du cerveau ? — C'est l'agent des actes intellectuels dont le mécanisme est inconnu, de plus il donne naissance aux nerfs de la *sensibilité spéciale* (vue, ouïe..., etc.)

Qu'entend-on par localisation cérébrale ? — On a pensé que chaque acte intellectuel ou autre était sous la dépendance d'une partie de l'encéphale. On a même cru (Gall) que chaque *circonvolution* cérébrale avait sa fonction propre ; d'où la théorie des *bosses*. Mais on n'a encore aucun résultat certain. Cependant on sait que c'est l'hémisphère gauche qui régit le côté droit du corps et inversement (action croisée des hémisphères), et il est probable que les hémisphères sont le siège des phénomènes intellectuels. Le pont de Varole est un centre de perception de la douleur. — Les tubercules quadrijumeaux régissent la vue. — Le cervelet harmonise les mouvements volontaires (danse de saint Guy par lésion du cervelet) ; sous le cervelet le plancher du 4ᵉ ventricule blessé fait apparaître du sucre dans les urines (diabète).

RÉSUMÉ

SYSTÈME NERVEUX

central .....

Encéphale, substance grise à l'extérieur ...

- Hémisphères cérébraux (*corps calleux*) 1er et 2e ventricules.
- Corps striés (*commissure blanche antérieure*) 3e ventricule.
- Couches optiques (*commissure grise*). Glande pinéale.
- Tubercules quadrijumeaux (*commissure blanche postérieure*), aqueduc de Sylvius.
- Cervelet (*pont de Varole*), 4e ventricule.
- Bulbe.

Moelle épinière, substance grise à l'intérieur

- Substance blanche périphérique.
- Substance grise émettant les nerfs sensitifs et les nerfs moteurs.

Grand sympathique; — double chaîne ganglionnaire et *plexus* en relation avec la moelle épinière; — régit les fonctions de nutrition et, en partie, la circulation.

périphérique. — Nerfs et organes de sensibilité spéciale.

MODIFICATIONS DU SYSTÈME NERVEUX

DANS LA SÉRIE ANIMALE.

Chez les mammifères. — Le cerveau diminue de proportion relativement au cervelet à mesure qu'on s'éloigne des primates. Les *marsupiaux* sont les seuls qui n'aient pas de corps calleux.

Oiseaux. — A la hauteur du renflement lombaire (moelle épinière) un losange gris, c'est le *sinus rhomboïdal ;* — pont de Varole peu développé, lobe moyen du cervelet *(vermis)* très gros. — Les tubercules quadrijumeaux, très développés, deviennent bijumeaux et prennent le nom de *lobes optiques.* Couches optiques peu développées. — Hémisphères sans circonvolutions et *sans corps calleux.* Le poids du cerveau est très considérable relativement au poids du corps $\left(\frac{1}{12} \right.$ chez la mésange.$\left. \right)$

Reptiles et Batraciens. — Le cervelet bien développé chez la tortue, moins bien chez les sauriens et les serpents se réduit à une simple bande chez les grenouilles. — La glande pinéale innerve un 3ᵉ œil très bien caractérisé chez certains sauriens et certains batraciens.—Lobes

optiques bien développés. — Lobes cérébraux
existent surmontés des *lobes olfactifs*.

Poissons. — Les mêmes
parties que chez les batraciens
seulement les lobes cérébraux,
très petits, les lobes optiques
gros et creux. — Le cervelet
existe avec un sillon médian
postérieur ; tous les lobes sont
creux.

Annelés. — Une double
chaine ganglionnaire *ventrale*
(une paire de ganglions par
anneau) (fig. 30) : le tube
digestif passe entre les connectifs qui réunissent la première paire de ganglions *gc*
(*ganglions cérébroïdes*) à la
2° paire *gs* (*ganglions sous
œsophagiens*). Il y a ainsi un
collier nerveux *co* autour de
l'œsophage (*collier œsophagien*).

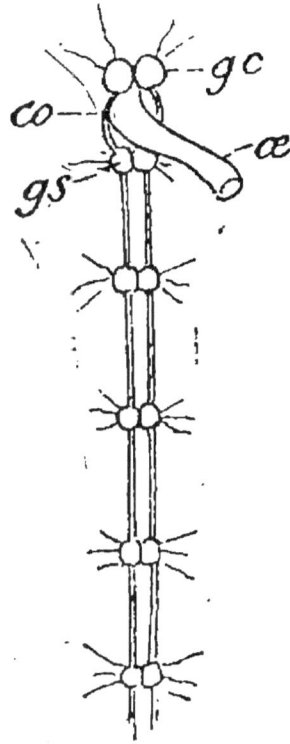

Fig. 30. — Système
nerveux annelés.

Mollusques (fig. 31). — 2 glangions *gc* (*cérébroïdes*), réunis aux ganglions *pédieux gp* (qui
envoient des nerfs au pied) par des connectifs

qui forment autour de l'œsophage *œ* un 1ᵉʳ *collier*
co ; les ganglions cérébroïdes sont réunis aussi
aux deux premiers ganglions viscéraux *gv* (2° collier œsophagien *c'ó'*). — De plus chez les *gastéro-*

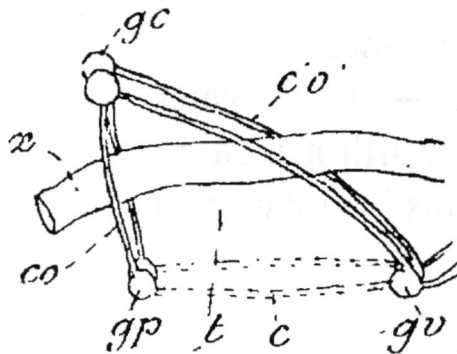

Fig. 31. — Système nerveux de mollusque.

podes, chaque ganglion pédieux est réuni par un
connectif *c* au premier viscéral du même côté,
de sorte que l'œsophage est ainsi compris entre
deux *triangles latéraux t.*

Rayonnés. — Parmi ceux-ci les *échinodermes*
ont un collier œsophagien pentagonal des 5
sommets duquel partent 5 nerfs.

SENS

Combien y a-t-il de sens ? — 5 : *le toucher*
(s'effectue par toute la peau), *l'odorat* (nez), *le
goût* (langue), *la vue* (œil), *l'ouïe* (oreille).

LE TOUCHER

Décrivez le sens du toucher. — La peau a deux couches ; l'*épiderme* (superficiel) et le *derme*. Elles sont séparées l'une de l'autre par une surface irrégulière, papilleuse. Certaines papilles renferment le *corpuscule du tact*, coussin conjonctif autour duquel s'enroule en spirale la terminaison nerveuse.

N'y a-t-il que les corpuscules du tact qui servent au toucher ? — Il y a encore les *corpuscules de Pacini*, corps ovoïde au centre duquel se trouve un nerf. — Enfin chez beaucoup d'animaux il y a les poils *tactiles* à la base desquels vient se terminer un nerf.

Où trouve-t-on surtout les corpuscules du tact ? — Dans la paume de la main (108 par m. m. carré dans la 3ᵉ phalange de l'index).

LE GOUT

Où est le siège du goût ? — Dans la bouche. — La langue est hérissée de papilles. A la base, les *papilles caliciformes* dont l'ensemble forme un V ; les *papilles fungiformes* (en massue), les *papilles corolliformes* divisées en houppe au sommet. — Toutes ces papilles reçoivent des nerfs.

L'ODORAT

Où est le siège de l'odorat ? — Dans les fosses nasales qui sont au nombre de deux et communiquent avec le pharynx. — La membrane qui revêt les fosses nasales est la membrane *pituitaire*. En arrière, les fosses nasales présentent des anfractuosités et des replis, soutenus par les *cornets* osseux de l'ethmoïde, ce qui augmente la surface pituitaire. — Des poils raides *(vibrisses)* sont à l'entrée du nez pour arrêter les corps trop gros. — Un liquide spécial humecte le nez, dissout les particules odorantes solubles ce qui leur permet d'agir plus facilement sur les terminaisons nerveuses. Celles-ci aboutissent dans des cellules se terminant en bâtonnets prolongés par des cils vibratiles.

LA VUE

Combien distinguez-vous de parties dans l'œil ? — Les parties accessoires et les parties essentielles.

Quelles sont les parties accessoires ? — Les parties protectrices *(orbite osseuse, paupières,* cils, sourcils). — Les parties sécrétantes (glandes lacrymales), les parties motrices (muscles).

Où sont placées les glandes lacrymales ? — Dans le coin supéro externe gll (fig. 33). Elles se déversent sur le globe de l'œil qu'elles hu-

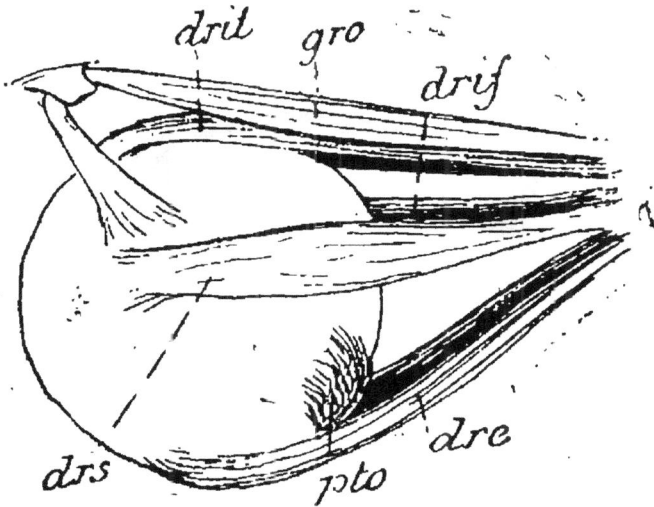

Fig. 32. — Muscles de l'œil.

mectent, puis les larmes sont amenées par le clignement des paupières dans le coin interne de l'œil où se trouvent 2 orifices (points lacry-maux) qui donnent entrée dans des canaux aboutissant dans le nez. Les larmes ne débordent que quand il y en a trop.

Combien y a-t-il de muscles pour faire mou-voir le globe de l'œil ? — 4 muscles droits

(supérieur, inférieur, externe, interne,) et
2 *muscles obliques* (grand oblique et petit oblique) nommés aussi *pathétiques*. Ces muscles
donnent à l'œil toutes les positions (fig. 32).

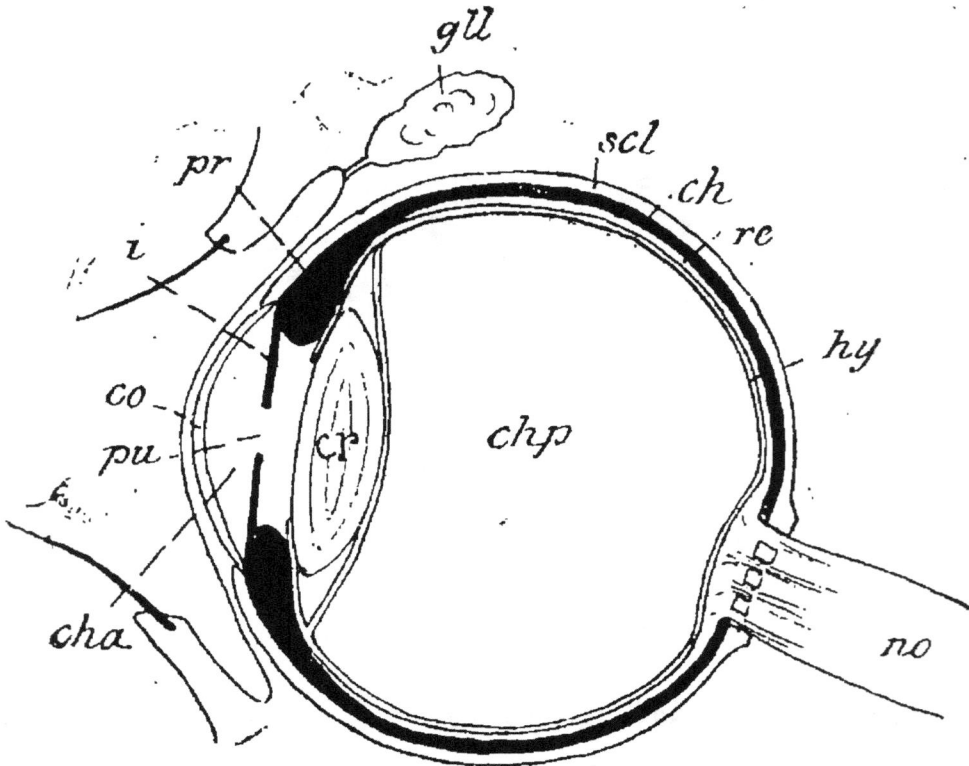

Fig. 33. — Œil.

Quelles sont les parties essentielles ? — Le
globe de l'œil et le nerf optique.

Décrivez le globe de l'œil ? — C'est une
sphère blanche placée dans l'*orbite* et formée de
4 enveloppes (fig. 33).

1° *Sclérotique scl (blanc de l'œil, cornée opaque)* transparente par devant *(cornée transparente co)*.

2° *Choroïde ch*, membrane brun foncé, tapisse la sclérotique, s'épaissit en avant *(procès ciliaires pr)* et pend derrière la cornée opaque comme un voile *contractile (iris i)* percé d'un trou *(pupille pu)*.

Ces deux membranes sont percées d'un trou à la partie postérieure pour laisser entrer 'le nerf optique.

3° Le nerf optique s'étale et tapisse la choroïde d'une membrane nerveuse *(rétine re)* dont la couche profonde est formée de *bâtonnets* et de *cônes* dans lesquels viennent se terminer les fibres du nerf optique. — La rétine s'arrête vers les procès ciliaires.

4° Une membrane transparente *(hyaloïde)* qui tapisse tout l'œil, passe derrière la pupille où elle soutient une lentille transparente *(cristallin cr)*.

En arrière du cristallin se trouve la *chambre postérieure chp* pleine de l'*humeur vitrée*. — En avant est la *chambre antérieure cha* pleine de l'*humeur aqueuse*.

Comment se fait la vision ? — Les humeurs et le cristallin agissent comme une lentille :

un objet placé devant l'œil à une distance convenable vient faire son image renversée sur la rétine. Celle-ci sécrète une substance phototactique (pourpre rétinien) qui se détruit à la lumière. L'image photographique de l'objet se fait donc dans la région des bâtonnets qui sont dès lors impressionnés.

Pourquoi voit-on les objets droits et non renversés ? — Parce qu'un point se voit toujours *dans la direction* du rayon lumineux qui frappe la rétine.

L'image d'un objet se fait-elle toujours sur la rétine quelle que soit la distance de l'objet à l'œil ? — Non, si l'œil ne *s'accommodait* pas. Si l'objet se rapproche du cristallin, celui-ci se bombe, s'il s'éloigne, le cristallin s'aplatit de sorte que l'image se fait toujours sur la rétine, à condition toutefois que l'objet ne soit pas trop près de l'œil, c'est-à-dire n'ait pas dépassé la *distance minimum de la vision distincte.*

Tous les yeux ont-ils également la faculté d'accommodation ? — Ceux qui ne peuvent s'accommoder qu'aux petites distances sont les yeux *myopes.* — Ceux qui ne s'accommodent qu'aux grandes distances sont les *presbytes.* On corrige la myopie par des lunettes divergentes et la presbytie par des lunettes convergentes.

Tous les points de la rétine sont-ils également sensibles ? — Non ! le point par où pénètre le nerf optique *no* étant privé de bâtonnets et de cônes est aveugle (*punctum cœcum*) ; à côté, se trouve une partie amincie de la rétine, très riche en bâtonnets et cônes, très sensible, où l'on fait en sorte, instinctivement, que les objets que l'on observe avec attention viennent faire leur image ; c'est la *tache jaune*.

Quelle est l'utilité de la choroïde ? — Elle évite les réflexions de la lumière dans l'intérieur de l'œil et, par suite, les éblouissements.

Pénètre-t-il toujours la même quantité de lumière dans l'œil ? — Oui, à peu près, grâce à la pupille qui, par un mouvement réflexe, se rétrécit quand la lumière est trop vive, se dilate quand elle est trop faible.

Quelles sont les modifications de l'œil chez les autres animaux. — Chez les mammifères c'est à peu près comme chez l'homme. — Chez certains, cependant (*chat*), il y a une portion du fond de l'œil qui reflète la lumière, ce qui donne à l'œil des teintes irisées (*tapis*).

— Chez les **oiseaux**, il y a dans le fond de l'œil, une saillie vasculaire (*le peigne*). — Les

7

oiseaux ont 3 paupières l'inférieure très mobile, la supérieure à mouvements limités et une horizontale translucide *(nictitante)* — Enfin la sclérotique est soutenue par un anneau osseux.

Les **serpents** n'ont pas de paupières ce qui donne de la fixité à leur regard, la peau passe devant l'œil où elle devient transparente.

Chez les **poissons** le cristallin est sphérique.

Les **insectes** ont des yeux composés d'une foule de petits yeux simples. Chaque œil est formé d'un bâtonnet nerveux entouré de pigment et surmonté d'une sorte de cristallin formé par la peau devenue transparente.

Le dernier vestige de l'œil (bord du manteau des huîtres) est une tache pigmentaire.

OUIE

Où est située l'oreille ? — Elle est creusée dans l'os du rocher,

De quoi se compose-t-elle ? — De trois parties (fig. 34) : l'oreille externe *(conque auditive)*, l'oreille moyenne *(caisse du tympan)* et l'oreille interne qui est la partie sensible.

A quoi sert l'oreille externe ? — A recevoir les vibrations sonores et à les diriger vers le trou auditif qui conduit à l'oreille moyenne.

Ce conduit auditif ne possède-t-il pas des glandes? — Des glandes et des poils à l'entrée.

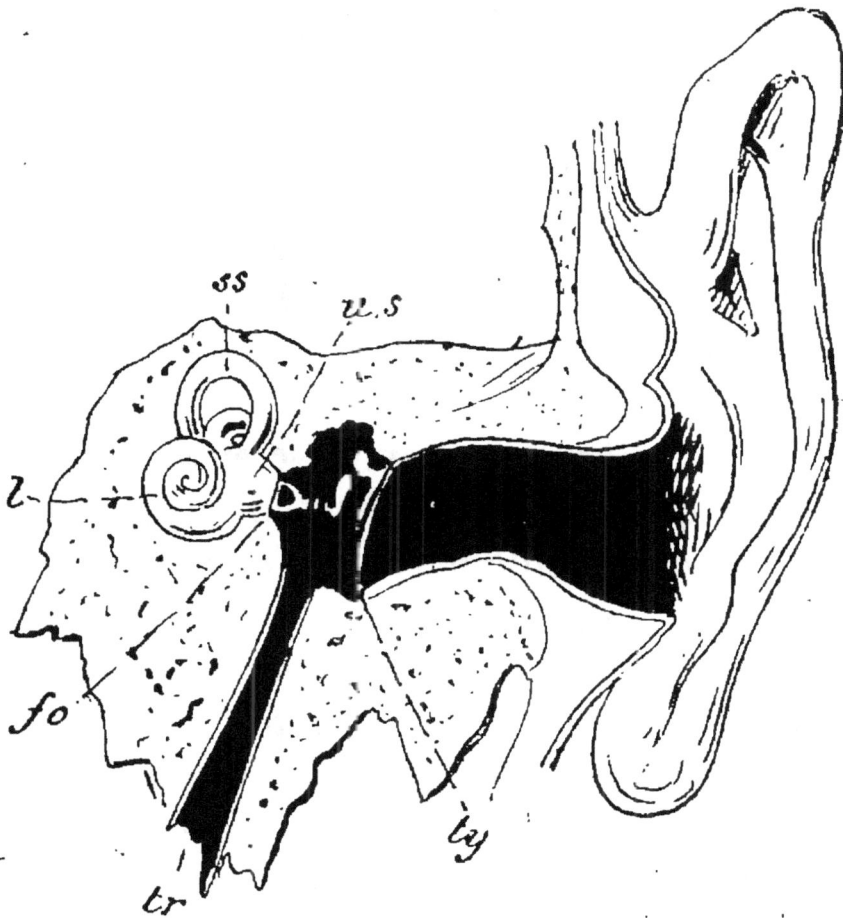

Fig. 34. — Oreille.

Les glandes sécrètent un liquide gras *(cérumen)* et les poils tamisent les poussières.

Par quoi se termine le conduit auditif? — Par une membrane obliquement tendue *ty* qui vibre comme une peau de tambour et transmet les vibrations à l'oreille moyenne. C'est le *tympan*.

Comment est faite l'oreille moyenne ? — C'est une cavité pleine d'air, communiquant avec l'extérieur par la *trompe d'Eustache tr* qui s'ouvre dans l'arrière bouche. Ordinairement fermée, cette trompe s'ouvre à chaque mouvement de déglutition, ce qui rétablit l'équilibre entre la pression de l'oreille moyenne et celle de l'extérieur.

En haut il y a des cavités creusées dans l'os rocher qui ont pour effet, en augmentant le volume de l'oreille moyenne, d'atténuer les vibrations trop fortes.

L'oreille moyenne communique avec l'oreille interne par deux orifices *(fenêtre ronde fr* et *fenêtre ovale fo)*, fermés par des membranes.

Comment les vibrations du tympan se transmettent-elles à ces deux fenêtres ? — Directement par l'air à la fenêtre ronde, et par la chaîne des osselets *(marteau, enclume, os lenticulaire, étrier)* à la fenêtre ovale.

Décrivez l'oreille interne. — Elle contient un liquide spécial et est partagée en trois parties : le *vestibule* qui porte en haut les 3 *canaux semi-*

circulaires ss et en bas le *limaçon l.* — Le rôle des canaux semi-circulaires est inconnu.

Décrivez le vestibule, — Il se partage en deux : l'*utricule u* qui porte les canaux semi-circulaires et le *saccule s* qui communique avec le limaçon. — Le vestibule reçoit un rameau du nerf acoustique. Dans l'utricule il y a de petits corpuscules calcaires (*otolithes*) qui, mis en mouvement par les vibrations du liquide, frappent l'épithélium et impressionnent le nerf. — Le saccule est tapissé par des cellules à cils vibratiles mis aussi en mouvement par les vibrations du liquide.

Qu'est-ce que le limaçon ? — C'est un tube enroulé qui reçoit la *branche cochléaire* du nerf acoustique. Il est partagé en trois rampes, par deux cloisons inclinées. Ces cloisons s'arrêtent à une petite distance de l'extrémité. Dans l'une de ces rampes se trouvent les *fibres de Corti,* éléments conjonctifs, tous régulièrement disposés côte à côte, en chevrons. Des ramifications du nerf cochléaire viennent se terminer dans le voisinage des fibres de Corti. On croit que pour un son musical donné, il y a des fibres déterminées qui vibrent. Le limaçon servirait donc à entendre les *sons musicaux*. Le vestibule percevrait les *bruits*.

Modifications de l'oreille chez les mammifères. — L'oreille externe est souvent mobile et très développée chez les animaux peureux ou carnassiers. — Elle n'existe pas chez la taupe, ni chez les cétacés.

Oiseaux. — La chaîne des osselets est formée par un seul os *(columelle)*. — Il y a un rudiment d'oreille externe.

Reptiles. — Oreille externe absente. — Oreille moyenne n'existe pas chez les serpents, mais même là il y a un rudiment de columelle entre la peau et la fenêtre ovale. — L'oreille interne existe partout avec un limaçon plus ou moins développé, rudimentaire chez les tortues.

Batraciens. — Oreille externe absente, l'oreille moyenne manque souvent *(salamandres)*, mais quand elle existe, il y a une columelle.

Poissons. — Il n'y a plus que l'oreille interne et pas de limaçon. — Quelquefois même il n'y a plus qu'un canal semi-circulaire (myxine) ou deux (lamproie).

Chez les invertébrés, — L'oreille n'est le plus souvent qu'une cavité *(Otocyste)* tapissée par un épithélium à cils vibratiles et renfermant un ou plusieurs *otolithes*. Les otocystes sont innervés par les ganglions cérébroïdes.

LA VOIX

N'y a-t-il que les fonctions de relation précédemment décrites ? — Il y a encore la voix.

Comment se produit la voix ? — L'organe vocal se trouve dans le larynx, à la région supérieure de la trachée artère. Il y a là **2** replis laissant entre eux une ouverture triangulaire (*cordes vocales supérieures*) et au-dessous, **2** autres replis identiques mais plus rapprochés, (*cordes vocales inférieures*). — L'intervalle qui les sépare porte le nom de *glotte*. — Ce sont ces *cordes* qui vibrent sous l'influence de l'air expulsé et qui, plus ou moins tendues, par les muscles, produisent des sons de diverses hauteurs.

RÉSUMÉ

Toucher. — Corpuscules du tact de la peau.
Odorat.. — Nez.
Goût. ... — Papilles de la langue.

SENS.

Vue. — OEil

Parties accessoires...
- Glandes lacrymales.
- Paupières.
- Cils.
- Sourcils.
- Muscles.

Parties essentielles.
— Globe de l'œil..
- *Sclérotique* et *cornée transparente.*
- *Choroïde, iris,* pupille.
- *Rétine* (épanouissement du *nerf optique*).
- *Membrane hyaloïde* soutenant le *cristallin.*

Ouïe.- Oreille

Oreille externe ou conque auditive.

Oreille moyenne.....
- Communique avec l'oreille externe par le tympan.
- Communique avec l'extérieur par la *trompe d'Eustache.*
- Communique avec l'oreille interne par les fenêtres *ronde et ovale.*
- Le tympan est réuni à la membrane de la fenêtre ovale par la chaîne des osselets.

Oreille interne, reçoit le nerf auditif......
- Vestibule.
- Canaux semi-circulaires.
- Limaçon contenant les fibres de Corti.

BOTANIQUE [1]

La cellule végétale n'a-t-elle pas une membrane spéciale ? — Une membrane de *cellulose*. ($C^{12} H^{10} O^{10}$) (2). On n'a trouvé de cellulose, chez les animaux, que parmi les Tuniciers.

La membrane est-elle toujours uniformément épaisse ? — Oui, dans les cellules très jeunes ; mais, dans les cellules âgées, la membrane s'épaissit en certains points et reste mince dans d'autres. Il en résulte des *sculptures* en saillie ou en creux qui, au microscope, donnent aux cellules l'aspect *ponctué, rayé, scalariforme, réticulé* (fig. 1) (pour les sculptures en creux), ou *annelé, spiralé* (fig, 2), etc. (pour les sculptures en relief).

---

(1) Pour tout ce qui a rapport aux différences entre les animaux et les végétaux, aux caractères des végétaux, à la description de la cellule et à sa multiplication, voir la *Zoologie*.

(2) $C^6 H^{10} O^5$ formule atomique.

Quelle est l'utilité des sculptures en creux ?—

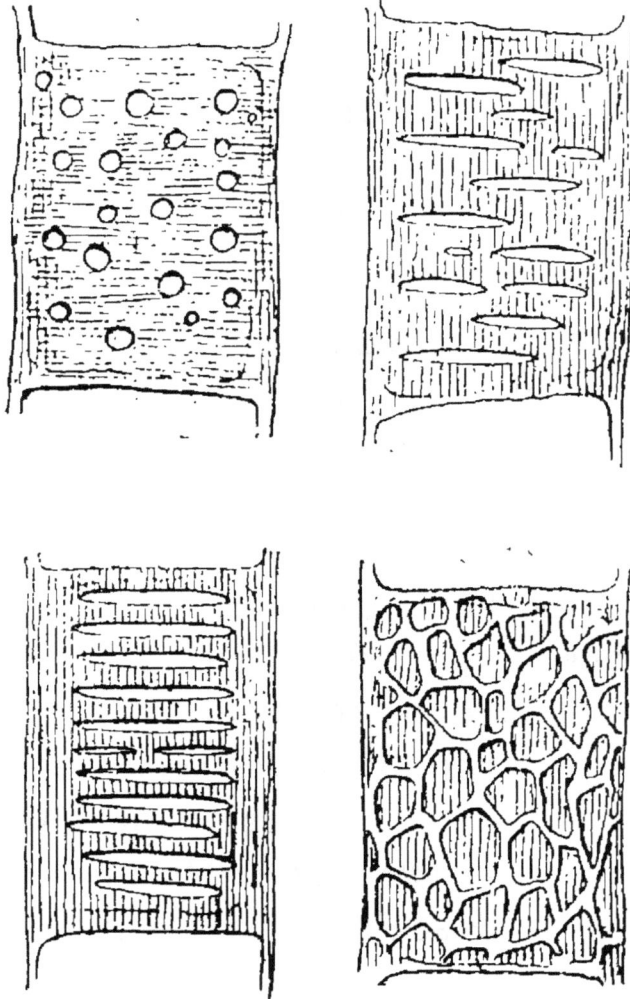

Fig. 1. — Cellules.

Comme les creux se correspondent dans deux
cellules voisines, les échanges nutritifs, *par os-*

mose, de cellule à cellule, sont plus faciles que si la membrane était partout épaisse.

Quelle est l'utilité des sculptures en relief?— Lorsque les échanges doivent être très actifs

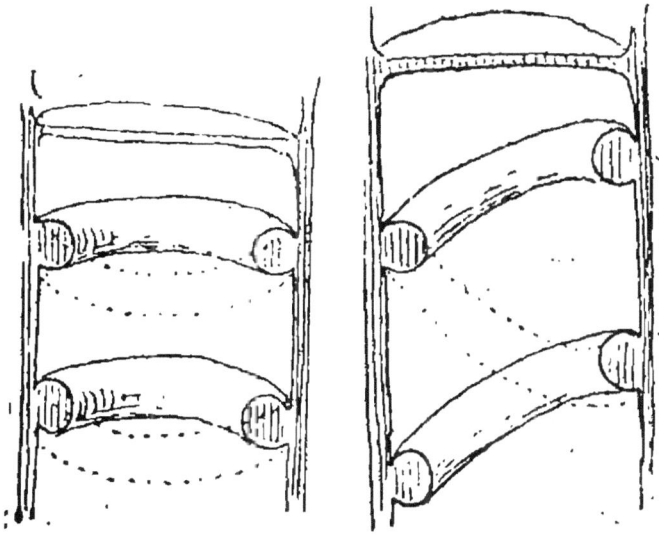

Fig. 2.

entre deux cellules, certains points seulement (anneaux, spirales) s'épaississent pour *consolider* la cellule.

Quelles formes principales affectent les cellules ? — Elles peuvent être *sphériques*, (pollen, spores, moelle de certains végétaux) *cylindriques* ou *prismatiques* (fibres).

Quels sont les tissus principaux ?—On nomme *parenchyme*, tout tissu formé de cellules aussi larges que longues ; *prosenchyme*, celui dont les cellules sont allongées. — Lorsque les membranes cellulaires s'incrustent de façon à devenir dures on a du *sclérenchyme* (bois). — Si elles deviennent très épaisses sans durcir, c'est du *collenchyme*. Un tissu dont les cellules laissent entre elles des intervalles étroits, est un tissu *à méats intercellulaires* (écorce de la racine). Si les intervalles sont très grands on les nomme des lacunes et on a un *tissu lacuneux*, (parenchyme des feuilles). — Enfin il y a le tissu *ligneux* et le *tissu libérien* (1).

NUTRITION

Esquissez à grands traits la nutrition. — Il y a 3 organes dans la plante : la racine, la tige, les feuilles. — La racine puise des sucs dans la terre, la tige conduit ces sucs (sève ascendante) aux feuilles. Là par suite de la *respiration*, de la *transpiration* et de *l'assimilation*

---

(1) Nous y reviendrons à propos de la racine et de la tige. Nous aurons d'ailleurs l'occasion de parler de chaque tissu à propos des organes.

du carbone, cette sève se concentre et s'enrichit de principes nutritifs. Elle revient alors dans les divers organes végétaux où elle est utilisée immédiatement, ou bien les aliments qu'elle contient s'emmagasinent sous forme de réserves pour être utilisées plus tard.

ÉTUDE SPÉCIALE D'UNE PLANTE PHANÉROGAME

Qu'est-ce qu'une plante phanérogame ? — C'est une plante qui possède des fleurs. On nomme *Cryptogame* une plante qui n'a pas de fleurs.

En combien de classes partage-t-on les phanérogames ? — En trois : les *dicotylédones*, les *monocotylédones* et les *gymnospermes*.

Combien y a-t-il d'organes distincts dans une phanérogame ? — Trois : la *racine*, la *tige* et les *feuilles*.

D'où provient une plante phanérogame ? — Elle provient d'une *graine* détachée d'une plante semblable préexistante.

Comment est faite une graine ? — Une graine complète comprend (fig. 3) : 1° un *tégument t* protecteur qui enveloppe le tout; 2° une masse nutritive *a* pleine de réserves (amidon, aleu rone), l'*albumen*; 3° un petit corps *e* plongé dans l'albumen, l'*embryon* qui, se développant en se nourrissant de l'albumen formera la nouvelle plante.

Décrivez l'embryon.—Considérons une graine de dicotylédones. L'embryon (fig. 4) est une masse

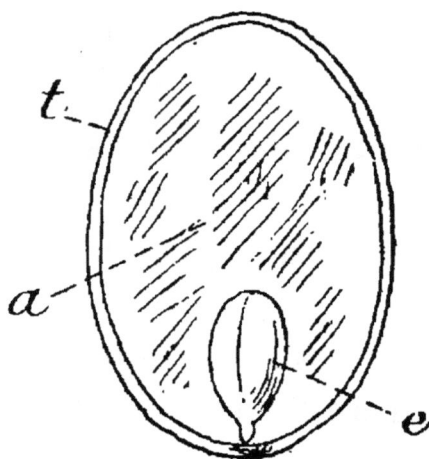

Fig. 3. — Graine.

ovoïde ou allongée, terminé par un petit corps cylindro-conique *t, r* (*tigelle et radicule*), la masse principale est divisée en deux *cotylédons* entre lesquels se trouve un sphéroïde mamelonné *g* (*gemmule*).

Toutes les graines possèdent-elles un albumen ? — Non ! Mais dans ce cas, la réserve nutri-

tive se trouve dans les cotylédons eux-mêmes,
(haricot.)

Citez des graines à albumen. — Blé, maïs,
café, pavot. Il y a même deux albumens dans
les conifères, le poivre, le nénuphar.

Comment cette graine produit-elle une plante

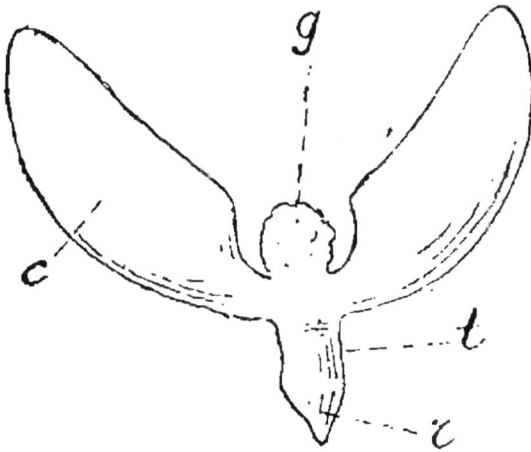

Fig. 4. — Embryon.

nouvelle ? — On la fait *germer.* Pour cela il
faut qu'elle remplisse plusieurs conditions : 1°
qu'elle soit *bonne.* Ce qu'on reconnaît *en général*
en jetant un lot de graines dans l'eau. Elles sont
bonnes si elles tombent au fond. Cependant les
graines à albumen *oléagineux* (ricin) surnagent
quoique bonnes ; 2° qu'elles aient acquis et
n'aient pas perdu leur propriété germinative ;

exemple le haricot peut germer dès sa sortie du fruit et conserve sa propriété germinative pendant 50 ou 60 ans ; le blé plusieurs siècles ; le café, le datier, ne la gardent que quelques heures ; 3° il faut fournir à la graine, de *l'air*, de *l'eau*, de la *chaleur*. Tant qu'elle n'a pas ces 3 conditions réunies, la graine reste à l'état de *vie ralentie*.

Quels sont les phénomènes qui se passent pendant la germination ? — Ils sont de deux sortes : les *phénomènes morphologiques* et les *phénomènes physiologiques*.

Qu'entendez-vous par phénomènes morphologiques de la germination ? — Ce sont ceux auxquels on assiste quand on suit les variations de forme de la graine germant. Décrivons le ricin : on voit le tégument se déchirer ; un corps blanc sort de la déchirure et pointe vers la terre où il s'enfonce : c'est la *racine* provenant du développement de la *radicule ;* la *tigelle* grandit aussi, soulevant la graine à 15 ou 20 centimètres et devient la *partie inférieure* de la tige.

Puis les cotylédons s'écartant l'un de l'autre, achèvent de déchirer le tégument qui tombe à terre. Enfin la gemmule grandit, devient tout le reste de la plante (tige, rameau, feuilles) tandis que les deux cotylédons sont les deux premières feuilles.

La tigelle se développe-t-elle toujours?—Non. Quand elle se développe et soulève la graine, la germination est dite *épigée* (ricin, haricot). Sinon, elle est *hypogée* (gland.)

Le tégument est-il toujours complètement déchiré? — Non. Souvent les cotylédons ne s'étalent pas et restent enfermés dans les téguments (fève).

PHÉNOMÈNES PHYSIOLOGIQUES
DE LA GERMINATION

Comment divisez-vous ces phénomènes?—En deux groupes 1° les phénomènes internes (chimiques) et les phénomènes externes (échanges gazeux et liquides).

Le premier de tous, c'est l'absorption d'eau, gonflement de l'albumen et par suite déchirure du tégument. (Si l'on enlève préalablement le tégument, la graine n'en germe que mieux, l'eau s'absorbant plus facilement.)

La graine germant absorbe de l'oxygène et dégage de l'acide carbonique. Mais plus la germination est active, plus il y a d'oxygène absorbé et fixé dans les tissus où il sert *proba-*

blement à oxyder des réserves pour les rendre assimilables.

En quoi consistent les phénomènes internes ? — Supposons une graine à albumen. La *surface des cotylédons est appliquée contre cet. albumen.*

Cette surface sécrète des sucs qui digèrent les réserves de cet albumen, et elle absorbe les matières rendues ainsi assimilables. — Par exemple si la réserve est composée d'amidon, les cotylédons sécrètent une *diastase* qui transforme l'amidon en *glucose* (soluble et assimilable) et l'absorbent (orge germé). Si la réserve est un corps gras, ils sécrètent de l'*émulsine* qui émulsionne les graisses (ricin). Si la réserve est albuminoïde, ils secrètent de la *pepsine* qui transforme les matières azotées en *peptones* solubles, (gluten des céréales) etc.

Que se passe-t-il si la réserve est dans les cotylédons eux-mêmes ? — C'est alors dans les cellules même des cotylédons que prennent naissance les diastases et autres ferments destinés à digérer les réserves.

Ces phénomènes ne retentissent-ils pas à l'extérieur ? — Il y a élévation considérable de la température.

RÉSUMÉ

GRAINE......
- Tégument protecteur.
- Albumen nutritif
- Embryon.......
  - *Radicule*, devient la première racine.
  - *Tigelle* . { Grandit de 20 ou 25 centim. au plus, ou ne grandit pas.
  - *Cotylédons*, deviennent les premières feuilles.
  - *Gemmule*, devient toute la plante.

GERMINATION
- Conditions intrinsèques....
  - La graine doit être mûre.
  - — avoir acquis la propriété germinative.
  - — ne pas l'avoir perdue.
- Conditions extrinsèques ...
  - Il faut fournir à la graine, de l'eau.
  - — de l'air.
  - — de la chaleur.

PHÉNOMÈNES DE LA GERMINATION
- Absorption d'eau par la graine.
- Dégagement de chaleur.
- Absorption d'oxygène.
- Dégagement d'acide carbonique.
- Digestion des réserves par les cotylédons.

LA RACINE

D'où provient la racine ? — Du développement de la radicule de l'embryon.

Quelle direction prend la racine?
— Verticale, de haut en bas, sous l'action d'une force qui est probablement la pesanteur. On dit que la racine est *géotropique.*

Décrivez l'aspect extérieur de la racine (fig. 5). — A son extrémité une *coiffe* protectrice, d'épaisseur constante car elle s'use extérieurement et se régénère sans cesse à l'intérieur. — Un peu plus haut, un amas conique de longs poils *(poils absorbants)*. Puis enfin le corps de la racine.

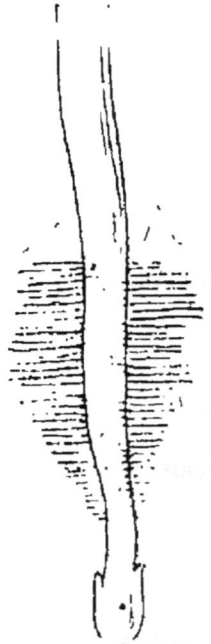

Fig.5.- Racine.

Comment s'accroît la racine? — Par son extrémité seulement. Il y a là un centre d'activité qui allonge sans cesse la racine et épaissit la coiffe. C'est sur les parties jeunes ainsi formées que naissent de nouveaux poils tandis que les anciens tombent. La région des poils conserve donc toujours la même longueur.

La racine reste-t-elle toujours unique ? — Il naît sur ses flancs d'autres racines (*radicelles*) ayant exactement l'aspect de la racine mère (coiffe, poils...) Elles en diffèrent cependant parce qu'elles sont beaucoup moins géotropiques que la racine-mère. Elles-mêmes donnent naissance à des radicelles de 2ᵉ ordre et ainsi de suite. L'ensemble des plus petites radicelles forme le *chevelu*.

Comment sont disposées les radicelles sur la racine-mère ? — Les unes au-dessous des autres en rangées longitudinales. (4 dans la carotte, par exemple). De plus, à leur base, on voit une petite collerette qui montre que ces radicelles ont, pour sortir, percé l'écorce de la racine-mère. Elles ont donc pris naissance *à son inté-rieur.*

Quel nom donne-t-on encore à la racine-mère? — *Le pivot;* ce que le vulgaire nomme racine d'une plante, c'est l'ensemble du pivot et des radicelles.

Comment le pivot et les radicelles peuvent-ils être disposés l'un par rapport à l'autre ? — Le pivot et les radicelles peuvent-être également bien développés, on a alors une racine *pivotante ordinaire (chêne).* Si le pivot est très grand et les radicelles très petites, la racine est dite *pivotante exagérée* (carotte, betterave). Si le pivot est très réduit et les radicelles longues et nombreuses, on a une racine *fasciculée* (céréales). Dans l'arrosage, on doit toujours prendre en considération le mode d'enracinement du végétal que l'on arrose.

Un végétal ne s'enracine-t-il que par les racines précédentes ? — La tige, les rameaux et même les feuilles, peuvent produire des *racines adventives* qui viennent aider la racine principale.

Peut-on faire développer ces racines adventives. — Par le bouturage et le marcottage.

Quelle différence y a-t-il entre ces deux opérations de culture ?—Dans le *bouturage* on prend une branche ou une feuille, *séparée du tronc*, on la met en terre pour y faire pousser des *racines adventives*, et elle s'enracine ainsi d'elle-même.

Dans le *marcottage*, on courbe un rameau de façon à en faire plonger une certaine longueur dans la terre, *sans le séparer du tronc* ; des racines adventives se développent et c'est alors seulement qu'on intercepte la communication entre lui et le tronc.

Connaissez-vous des plantes qui se bouturent ou se marcottent facilement ? — Le *géranium*, le *bégonia*, le *paulownia*, la vigne, le *saule*, le *laurier rose*. — Le *fraisier*, la *ronce* se marcotten naturellement.

Les racines des diverses plantes ne présentent-elles pas des aspects particuliers ?—Elles peuvent-être tuberculeuses (réserves de nourriture) comme dans le *dahlia*, les *orchidées*, le *topinambour*. D'autres contiennent des matières colorantes ; *garance et orcanette*.

Quelle est la structure intime de la racine?— Sur une coupe transversale dans la région des poils on remarque 3 parties (fig. 6) : 1° *l'assise pilifère ap*, 2° *l'écorce*, 3° le *cylindre central*.

1° l'assise pilifère composée d'une assise de cellules *caduques*, prolongées en longs poils absorbants.

2° l'écorce : parenchyme de plus en plus régulier et à méats, à mesure qu'on se rapproche du cylindre central ; la dernière assise formée de cellules fortement unies entre elles, sans méats, est l'*endoderme end* ;

3° le cylindre central comprend 3 tissus différents : le *bois b*, le *liber l* et la *moelle*. Le bois et le liber sont disposés en îlots ou *faisceaux* sur un même cercle, de sorte *qu'il y a un faisceau de bois entre deux faisceaux du liber ; il y a alter-*

nance du bois et du liber. **Tous les vides sont**

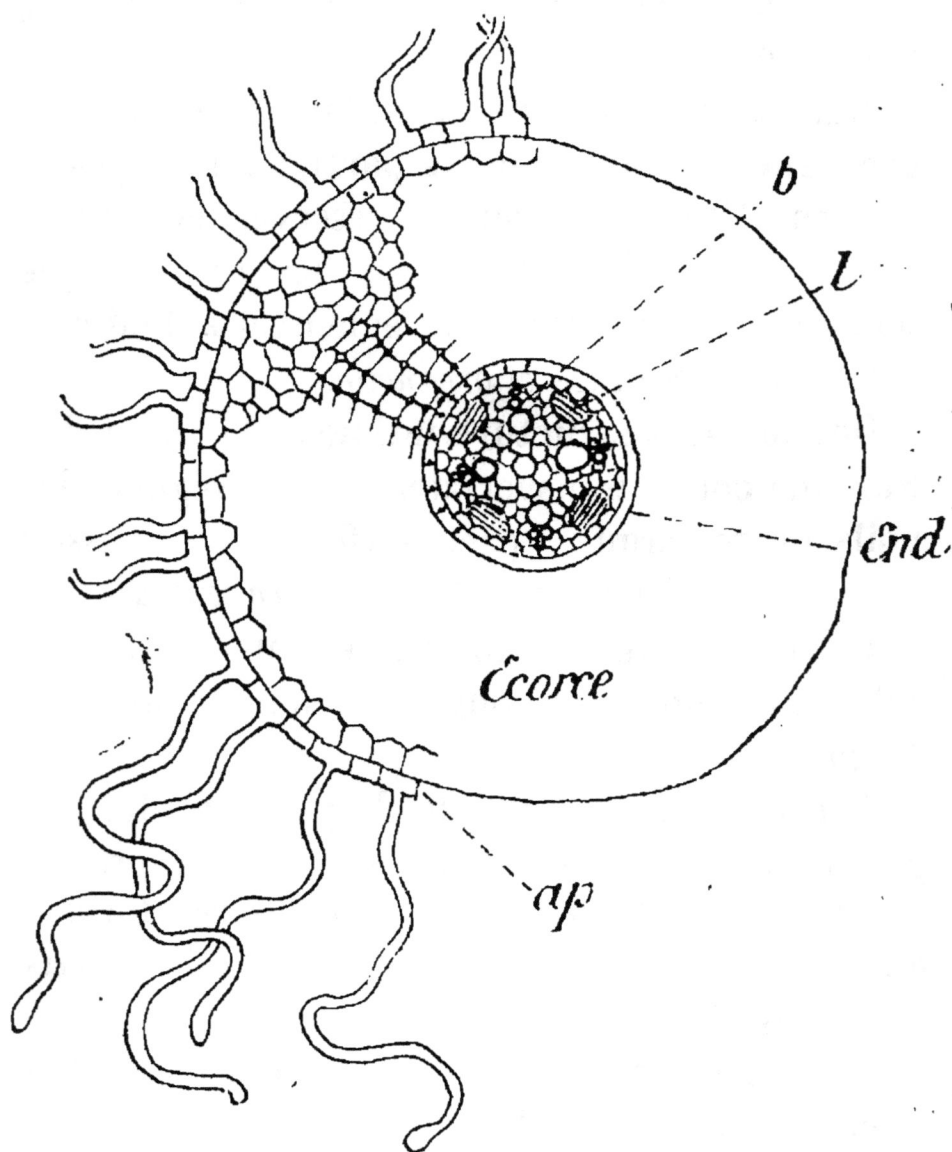

Fig. 6. — Racine.

comblés par le parenchyme médullaire qui,
selon la place qu'il occupe, prend différents

noms : Il y a une ou plusieurs assises de ce parenchyme entre l'endoderme et le cercle des
faisceaux libériens et ligneux : c'est le *péricycle*.
A l'intérieur du cercle des faisceaux, au centre
de la racine, un cylindre de parenchyme c'est la
moelle ; enfin reliant la moelle au péricycle en
passant entre les faisceaux, les *rayons médullaires*.

Où prennent naissance les radicelles?—Dans
le péricycle, *vis-à-vis les faisceaux du bois*.

Qu'appelez-vous le *bois* ou *ligneux ?* —
C'est un tissu formé principalement de fibres
lignifiées, c'est-à-dire incrustées de *lignine*, et de
vaisseaux soit *spiralés* soit *ponctués*. Ces vaisseaux sont des fibres placées bout à bout et
dont les cloisons de séparation ont disparu. Il
en résulte de longs tubes qui vont d'un bout à
l'autre de la racine. Dans la racine les plus gros
vaisseaux (ponctués), qui sont aussi *les plus
jeunes, sont les plus rapprochés du centre*.

Qu'est-ce que le liber ?—Le liber est un tissu
à parois molles et minces, formé aussi de fibres
et renfermant des *tubes cribleux ou grillagés*.
Ce sont des fibres, placées bout à bout dont, les
cloisons séparatrices se sont résorbées partiel-
lement de façon à figurer un *crible*.

La racine présente-t-elle toujours la même structure ? — Certaines plantes conservent pendant toute leur existence cette structure dite *primaire*. Mais souvent aussi il se produit des formations *secondaires*.

En quoi consistent ces formations secondaires?

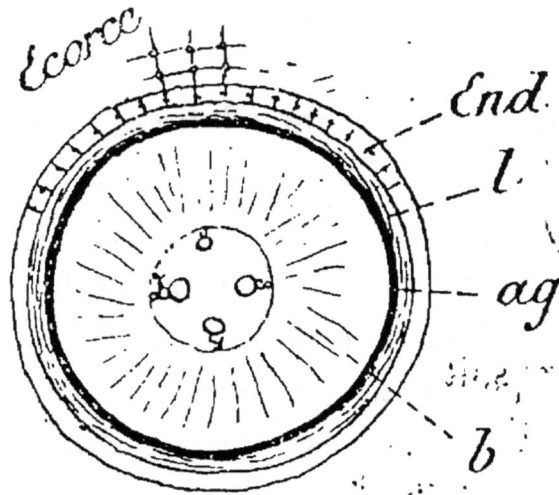

Fig. 7. — Racine.

— Il se forme un cercle générateur *qui passe en dedans du liber et en dehors du bois* et dont les cellules, se bipartissant sur les deux faces, produisent du bois sur leur face interne et du liber sur leur face externe.

Quel est alors l'aspect final de la racine (fig.) ? — Au centre une moelle parenchymateuse; tout autour un cercle de bois *b* (appelé autrefois *étui* *médullaire*)*;* puis le cercle générateur *ag* ; à l'extérieur une couche de liber jeune *l*, peu épais, le liber ancien étant écrasé contre l'endoderme *end* par le liber de nouvelle formation.

N'y a-t-il pas des formations secondaires dans l'écorce ? — Si; elles ont pour effet d'exfolier peu à peu toute l'écorce (1).

Quelles sont les fonctions de la racine ? — 1° Elle fixe la plante au sol ; 2° Elle absorbe, par ses poils, l'eau du sol et les substances solubles qu'elle contient. — Elle secrète même un suc *acide* qui aide probablement à la dissolution des solides ; 3° Elle conduit à la tige les liquides absorbés.

DE LA TIGE

Par quels caractères la tige se différencie-t-elle, à l'extérieur, de la racine ? — La tige n'a pas de coiffe. — Son extrémité n'est protégée que par les jeunes feuilles qui, repliées et imbriquées comme les tuiles d'un toit, forment le *bourgeon terminal.*

(1). Nous y reviendrons à propos de la tige.

L'accroissement de la tige n'est pas exclusivement *terminal*; il est aussi *intercalaire*.

La racine ne porte jamais de feuilles. *La tige porte des feuilles.*

Les rameaux ne percent rien pour arriver au jour : ils sont *exogènes*. Ils ne sont pas placés en rangées longitudinales, mais sur une *hélice*. Enfin la racine est *géotropique* de haut en bas, la tige se dresse (en général) verticalement de bas en haut.

Quel est l'aspect extérieur de la tige ?—Elle se montre formée de cylindres (*entre nœuds*) superposés. La jonction de deux cylindres présente souvent un renflement (*nœud*) sur lequel s'attachent une ou plusieurs feuilles.

Quelles dispositions les feuilles affectent-elles sur la tige? — Lorsqu'il n'y a qu'une feuille à chaque nœud, les feuilles sont dites *alternes*. S'il y en a deux à l'opposé l'une de l'autre, elles sont *opposées*. S'il y en a plus, elles sont *verticillées*.

Les feuilles d'un nœud ne sont pas exactement superposées aux feuilles du nœud qui précède. Si on joint par un trait continu les bases des feuilles des nœuds successifs (dans une plante à feuilles alternes par exemple) on monte en décrivant une hélice autour de la tige. Si les feuilles sont verticillées, chaque feuille du verticille fait partie d'une hélice distincte.

Comment désigne-t-on ces spires?—Décrivons l'hélice en partant d'une feuille jusqu'à ce que nous arrivions à une feuille supérieure exactement superposée à la première. Si nous avons fait deux fois le tour complet de la tige, et que, dans notre trajet, nous ayons rencontré 5 feuilles, nous dirons que les feuilles sont disposées sur la spire 2/5.

Où prennent naissance les rameaux ? — Un rameau nait toujours d'un bourgeon qui se forme *aux dépens de l'écorce* de la tige, à l'aisselle d'une feuille.

Peut-on distinguer à première vue les bourgeons qui donneront des fleurs (floriféres) de ceux qui donneront des rameaux et des feuilles (foliifères) ?— Les floriféres sont ovoïdes, obtus, les foliifères sont minces et aigus.

Les bourgeons nés au printemps ont-ils le même aspect que ceux qui sont destinés à passer l'hiver ? — Les premiers devant s'épanouir de suite sont nus, tandis que les autres sont protégés par des écailles, souvent coriaces, qui leur permettent de braver les froids de l'hiver.

Un bourgeon a-t-il absolument besoin de la plante-mère pour se développer? — Non ! Dans certains cas on peut transporter le bourgeon sur un arbre de même espèce ou d'une espèce voisine, qui le nourrira comme un des siens propres. C'est la *greffe*.

Les bourgeons occupent-ils toujours l'aisselle d'une feuille ? — Les bourgeons normaux, oui ! mais il peut y avoir des bourgeons *adventifs*, soit autour d'une blessure quelconque, soit sur une racine accidentellement devenue aérienne.

En quoi la structure de la tige diffère-t-elle de celle de la racine ? — D'abord pas d'assise pilifère(fig. 8), mais un *épiderme ep* qui n'existe pas dans la racine. Une écorce beaucoup moins épaisse (relativement au cylindre central) que dans la racine et ne présentant pas une zone interne aussi régulière que dans la racine. L'endoderme *end* est aussi beaucoup moins net, sauf dans les tiges très jeunes. — Enfin, dans le cylindre central, les faisceaux libériens et ligneux ne sont plus séparés; ils sont réunis en *faisceaux libéroligneux à bois interne et liber externe f*. De plus, dans le bois de chaque faisceau libéroligneux, contrairement à ce qui se passe dans la racine, les gros vaisseaux sont les plus éloignés du centre de la tige.

Cette structure persiste-t-elle pendant toute la vie du végétal ? — Cette structure, dite *primaire,* s'altère par suite de *formations secondaires ;* un

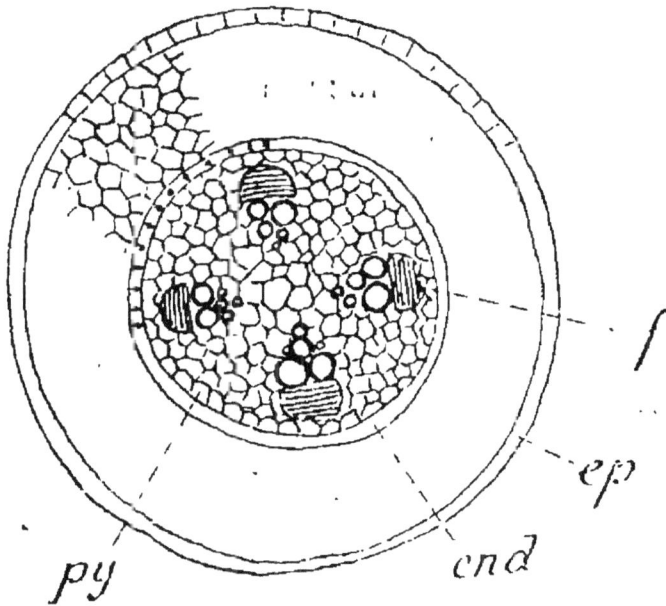

Fig. 8. — Tige.

cercle continu de *cellules génératrices* apparaît passant dans chaque faisceau, *entre bois et liber,* et formant des ponts entre les divers faisceaux. Cette assise génératrice fonctionne, comme dans la racine, en formant du bois sur sa face interne, du liber sur sa face externe et le résultat final est que la *tige secondaire* a la même structure que la *racine secondaire*.

N'y a-t-il pas d'autres formations secondaires?
— Si ; et ce que je vais dire pour la tige se rapporte à la racine.

Une assise génératrice se forme dans l'écorce et produit : du *liège* sur sa face externe, du parenchyme sur sa face interne ; puis cette assise génératrice cesse d'agir et est remplacée par une plus profonde qui fonctionne de la même manière, et tout ce qui est en dehors du nouveau liège est exfolié. — Puis une 3ᵉ assise génératrice remplace la précédente, etc., etc., elle finit par se former dans le liber même. A ce moment toute l'ecorce est exfoliée.

Mais le liège étant imperméable, les tissus situés sous le liège ne sont plus en communication avec l'extérieur ? — Si, parce que, en certains points, le liège de nouvelle formation se boursoufle, ses cellules sphériques laissent entre elles des intervalles par où peuvent passer les gaz et, soulevant l'épiderme, le font éclater *(lenticelles).*

Comment s'appelle l'écorce exfoliée ? — Le *rhitidôme* (platane, bouleau, écorce crevassée du chêne).

L'assise génératrice du cylindre central fonc-

tionne-t-elle sans interruption ?—Elle cesse de fonctionner en hiver. Au printemps elle reprend de l'activité et forme un bois à *gros vaisseaux* pour conduire le flot de la sève du printemps et, jusqu'à l'automne, elle fabrique un bois de plus en plus riche en fibres, de moins en moins riche en vaisseaux. Le bois d'automne est donc un bois compact, le bois de printemps un bois mou. Or le bois du printemps d'une année étant immédiatement accollé au bois d'automne de l'année précédente, la transition est visible à l'œil nu, et on constate sur la section d'une tige la présence de couches concentriques. Or comme il s'en forme une par an, leur nombre représente l'âge de la tige.

Qu'est-ce que l'aubier, le cœur ?—Les vaisseaux à force de conduire la sève finissent par s'encrasser et durcir. Le centre de la tige devenu dur, forme le *cœur*, le bois plus jeune, et par conséquent plus mou, moins coloré, qui est à la périphérie, est l'*aubier*.

Sur la section transversale d'un chêne, par exemple, on voit des sortes de rayons partant du centre et allant vers la périphérie. Qu'est-ce ? — En certains points l'assise génératrice au lieu de former du bois produit du parenchyme,

9

bordé par conséquent par du bois à droite et à gauche. Il en résulte des *rayons médullaires secondaires*.

La tige des monocotylédones diffère-t-elle de celle des dicotylédones ?—Les faisceaux restent toujours distincts les uns des autres et disséminés sans ordre apparent dans le parenchyme fondamental. Leur course est très flexueuse au lieu d'être à peu près rectiligne ; et quand il y a des formations secondaires elles sont dues à une assise génératrice qui se produit dans l'écorce, donne un parenchyme dont certaines régions se différencient en faisceaux libéro-ligneux qui, par conséquent, sont encore distincts et ne forment pas une assise continue libéro-ligneuse.

Sous quels aspects divers se présentent les tiges ? — Tuberculeuses (pommes de terre), volubiles (liseron, houblon), vrilles (vrilles de la vigne), *bulbes* (un plateau peu épais autour duquel sont rangées des feuilles serrées et gorgées de matières nutritives : lis, ail, oignon) ; rampantes (fraisier), souterraines (rhizomes des presles, d'iris...)

Quels sont les usages auxquels servent les tiges ?—Les arbres servent à la menuiserie, l'ébénisterie.—Les fibres libériennes du chanvre sont

RÉSUMÉ
DIFFÉRENCES ENTRE LA RACINE ET LA TIGE.

Racine.	Tige.
Une coiffe..........................	Pas de coiffe, un bourgeon terminal.
Ne porte pas de feuilles..............	Porte des feuilles.
Porte des poils absorbants...........	Pas de poils absorbants.
Descend verticalement...............	*Monte* verticalement.
Accroissement purement terminal.....	Accroissement terminal et intercalaire.
Radicelles endogènes.................	Rameaux exogènes.
Radicelles en séries linéaires.........	Rameaux en séries hélicoïdales.
Ecorce épaisse, cylindre central étroit..	Ecorce mince, cylindre central épais.
Assise pilifère, pas d'épiderme........	Epiderme, pas d'assise pilifère.
Bois et liber alternant...............	Faisceaux libéroligneux.
Les gros vaisseaux du bois à l'intérieur.	Les gros vaisseaux du bois à l'extérieur.

textiles. — D'autres fournissent des matières colorantes (bois de campêche, Fernambouc). — Certaines écorces sont utiles : quinquina, cannelle, liège du chêne. — L'écorce du chêne, du bouleau, du sureau fournissent du tannin. — La tige siliceuse des presles sert à polir les métaux ; tubercules comestibles de la pomme de terre, bulbes de l'oignon, de l'ail, du poireau.

Quelles sont les fonctions de la tige ? —Elle soutient les feuilles, y conduit la sève ascendante et en ramène la sève élaborée.

DE LA FEUILLE

Comment est faite une feuille ? — C'est un organe, porté par la tige, qui se compose de 3 parties : une gaine g, un pétiole p et un limbe l (fig. 9).

Qu'est-ce que la gaine ? — La gaine est la partie inférieure du pétiole; elle embrasse la tige sur une partie plus ou moins grande de sa circonférence (ombellifères). Elle peut manquer. Les feuilles qui en possèdent une sont dites *feuilles engainantes.*

Souvent la gaine se transforme en deux petits

organes, d'aspect variable, placés de chaque côté du pétiole *(les stipules)*.

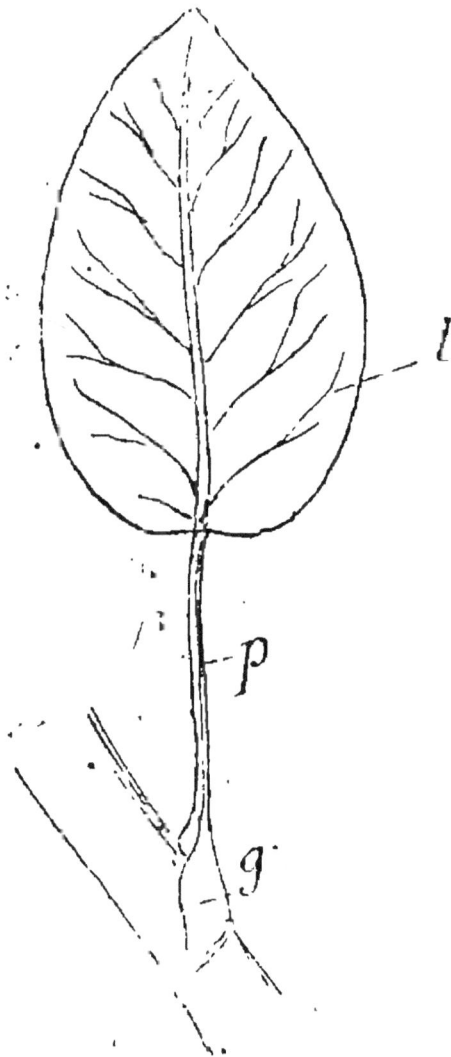

Fig. 9. — Feuille.

Le rôle de la gaîne est souvent un rôle de protection pour le bourgeon axillaire de la feuille.

Qu'est-ce que le pétiole ? — C'est une partie amincie qui supporte le limbe. — Le pétiole peut manquer et alors la feuille est dite *sessile*. Extérieurement le pétiole est souvent creusé d'une gouttière *g* sur sa face supérieure, ce qui lui donne une symétrie bilatérale. Mais, même lorsque cette symétrie n'est pas visible à l'extérieur, la structure interne la dévoile. Car le pétiole (fig. 10) renferme des faisceaux libéroligneux *f*, dont l'ensemble forme un arc, et qui vont en diminuant de dimensions depuis la face inférieure jusqu'à la face supérieure.

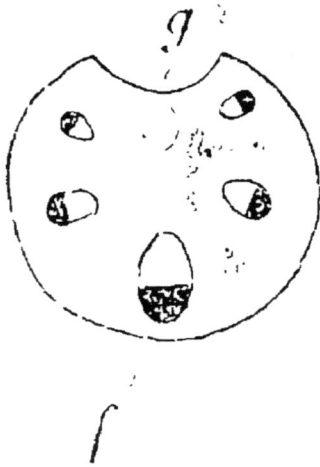

Fig. 10. — Section du pétiole.

Qu'est-ce que le limbe ? — C'est une partie élargie dans laquelle on remarque les *nervures* et le *parenchyme*. — Le pétiole se prolonge dans le limbe et forme la *côte* ou *nervure médiane* qui se ramifie de façon à former les nervures secondaires constituant un réseau, souvent très délicat, de fine dentelle. — Dans les mailles de ce réseau, le parenchyme.

Quelles dispositions diverses affectent les

nervures? — En barbes de plume sur la nervure médiane (feuilles penninerves), comme le rosier, le charme, le chêne, etc.

Les nervures sont *parallèles* (feuilles des graminées et de la plupart des monocotylédones).

Les nervures sont digitées : elles partent toutes du même point (lierre, vigne, capucine).

Quelles dispositions présente le parenchyme? — Quand le bord de la feuille forme une courbe continue la feuille est *entière* (hêtre, caoutchouc). Elle peut être *dentée* (rosier, charme, orme), *crénelée* (stachys), lobée (chêne). Si les lobes vont jusqu'à la nervure du milieu, la feuille est dite *partile*. Si enfin la base des nervures secondaires est elle-même découverte (robinia, frêne, sureau) on dit que la feuille est *composée*, et chacune de ses parties est une *foliole* (marronnier).

Comment est constitué le parenchyme (fig. 11)? — Un épiderme inférieur *ep* et un supérieur *eps*, entre les deux, le parenchyme composé de deux couches : la couche supérieure *tp* (*tissu en palissade*) formée de cellules allongées et très rapprochées, puis la couche inférieure *tl* (*tissu lacuneux*). Toutes les cellules du parenchyme sont riches en une substance verte (*chlorophylle*).

L'épiderme *inférieur* est percé de nombreuses

ouvertures en boutonnière *st (stomates)* formées
par l'écartement de deux cellules réniformes
(fig. 12). Ces stomates font communiquer les
lacunes du tissu lacuneux avec l'extérieur.

**N'y a-t-il de stomates que sur la face infé-
rieure ?** — Il y en a souvent, quoiqu'en beaucoup

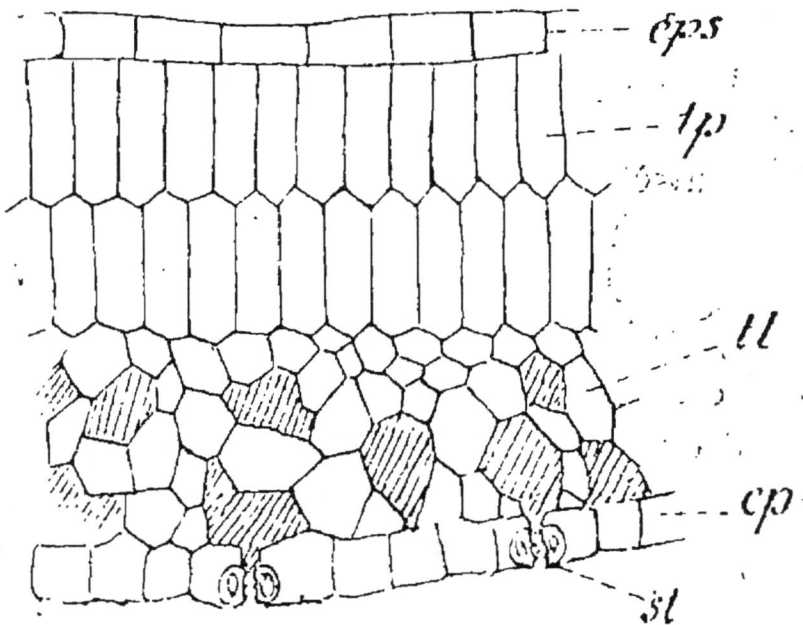

Fig. 11. — Section du limbe.

plus petit nombre, sur la face supérieure. Et
même, dans les feuilles flottantes (nénuphar), il
n'y en a que là.

**La feuille présente-t-elle toujours la forme
que vous venez de décrire ?** — Non ! quelquefois
elle se transforme en vrille (gesse, pois, courge).

D'autres fois en épines (épine-vinette). Elle devient nutritive et épaisse dans les écailles des bulbes (oignons, lis). — Elles peuvent être terminées par des urnes ou *ascidies* très élégantes (népenthès).

Certaines feuilles ne sont-elles pas douées de mouvement ? — Certaines feuilles se replient le

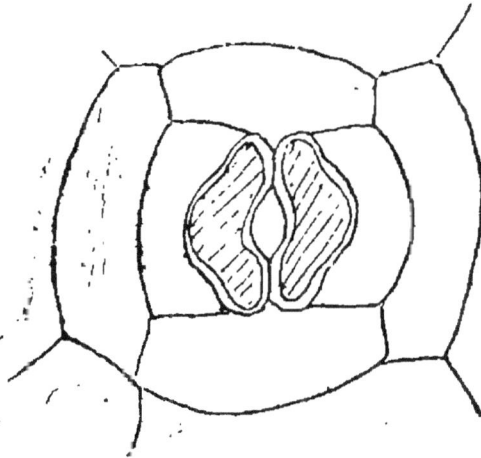

Fig. 12. — Stomate.

soir comme pour sommeiller. — Chez les Papilionacées, par exemple, cela est très fréquent. La *sensitive* peut même prendre sa position de sommeil à la suite d'une excitation.

Comment explique-t-on les mouvement spontanés des feuilles ?—Prenons les Papilionacées : à la base du pétiole se trouve un *renflement moteur* dans lequel le sucre formé par la feuille, s'accumule au coucher du soleil. Il y a alors appel d'eau, tension des cellules et le pétiole se redresse. Il en est de même à la base de chaque foliole.

On peut anesthésier une feuille, comme un animal, avec du chloroforme ou de l'éther.

Quelles sont les fonctions de la feuille ? — 3 fonctions : *Transpiration, respiration, assimilation du carbone.*

En quoi consiste la transpiration?—C'est une exhalation de vapeur d'eau par les stomates. — Certains stomates, plus spécialement appropriés à cette fonction, se nomment *stomates aquifères.* En 24 heures un arbre ordinaire exhale 20 litres d'eau.

Qu'est-ce que la respiration ? — C'est, comme chez les animaux, une absorption d'oxygène et un dégagement d'acide carbonique.

N'y a-t-il que la feuille qui respire ? — Tous les tissus vivants, tige, racine, etc., respirent. C'est pour cela qu'on est obligé de donner de l'air au sol en le *labourant.* Mais c'est surtout l'ensemble des feuilles qui, à cause de sa grande surface, est l'organe principal de cette fonction.

La feuille respire-t-elle toujours ? — Nuit et jour.

Comment se fait alors que, pendant le jour la plante absorbe l'acide carbonique et dégage de l'oxygène ? — Cela tient à ce que, *sous l'influence de la lumière*, une autre fonction s'accomplit (l'assimilation du carbone ou *action chlorophyllienne*) dont l'effet est précisément inverse de la respiration et qui, lorsqu'elle est intense, *masque* complètement celle-ci.

En quoi consiste cette action chlorophyllienne ? — Il y a dans les cellules de la plante une substance verte, *la chlorophylle*, qui a la propriété de décomposer *l'acide carbonique* en carbone et oxygène, sous l'influence de la lumière. L'oxygène est, en partie, repris par la respiration, mais l'excès se dégage. Quant au carbone, il est fixé dans les tissus où il sert *probablement* à former des matières nutritives (huiles, amidon, sucres, etc.,) qui sont emportées par la sève descendante, soit pour se mettre en réserve dans les tissus spéciaux (pomme de terre, betterave), soit pour être utilisées immédiatement.

Dites ce que c'est que la chlorophylle ?—C'est une substance azotée, soluble dans l'alcool, la benzine, qui imprègne de petits corps protoplasmiques (leucites) lesquels sont alors appelés des *rains de chlorophylle*.

Cette substance ne prend naissance qu'à la lumière et se détruit à l'obscurité (plantes étiolées).

La solution de chlorophylle dans la benzine est verte par transparence et d'un rouge brunâtre par réflexion.

Existe-t-il des feuilles utilisables? — Comestibles (chou, persil, chicorée, laitue, épinard, etc.) ; Condiments et remèdes (thym, sauge, menthe, mélisse, laurier) ; Fourrages (Graminées et légumineuses) ; Matières colorantes (Indigo) ; Textiles (phormium tenax), etc.

Mais si la chlorophylle est nécessaire pour l'assimilation du carbone, comment vivent les plantes qui ne possèdent pas de chlorophylle ? — Elles sont parasites d'autres plantes ou bien vivent sur des matières végétales en décomposition. Un exemple frappant de ce parasitisme est donné par les lichens qui sont des associations d'une algue *verte* et d'un champignon *sans chlorophylle* ; l'algue verte assimile le carbone pour le champignon et pour elle-même, et le champignon donne à l'algue l'humidité sans laquelle elle ne pourrait vivre.

RÉSUMÉ

FEUILLE......
- Gaine ou stipules.
- Pétiole symétrique par rapport a un plan.
- Limbe..
  - Epiderme supérieur sans stomates (ou très peu).
  - Tissu en palissade.
  - Tissu lacuneux.
- Epiderme inférieur à stomates.

FONCTIONS DE LA FEUILLE.
- Transpiration (par les stomates.)
- Respiration, dégag^t de CO^2 et absorption d'O.
- Assimilation de carbone (à la lumière), par la chlorophylle.

FONCTIONS DE REPRODUCTION.

LA FLEUR.

Qu'est-ce que la fleur ? — C'est l'organe de la reproduction.

De quoi se compose une fleur ? — C'est un ensemble de *feuilles* verticillées, profondément modifiées. Il y a quatre verticilles successifs dans une fleur complète (fig. 13) : 1° le *calice* formé par les *sépales s* ; 2° la *corolle*, formée de *pétales p* ; 3° L'*androcée* formé d'*étamines é* ; 4° le *gynécée ou pistil o* formé de *carpelles*.

L'axe à l'extrémité duquel se trouve la fleur se nomme le *pédoncule, pe,* et les feuilles, souvent d'aspect particulier, qui se trouvent le long du pédoncule sont les *bractées br*. Quand les bractées sont réunies en verticille, sous la fleur, elles forment un *involucre* (composées). Enfin l'extrémité, ordinairement élargie, du pédoncule est le *réceptacle r*.

Qu'est-ce que les sépales ? — Feuilles, en général vertes, formant la première enveloppe florale ou *calice*. Les sépales peuvent être distincts (*fleurs dialysépales*) par exemple le chou, ou soudés (*gamosépales*), par exemple œillet, menthe.

Qu'est-ce que les pétales ? — Les pétales ont encore l'aspect de feuilles, sauf la couleur qui n'est plus verte mais souvent rouge, jaune, bleue... Ils forment la *corolle o*, 2ᵉ enveloppe flo-

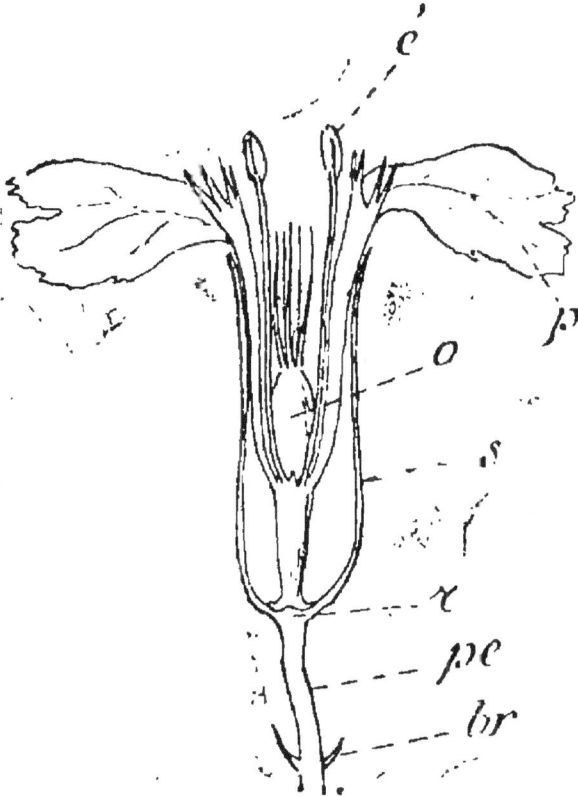

Fig. 13. — Fleur.

rale. Il y a aussi des fleurs *gamopétales* et des *dialypétales*, le tabac, la pomme de terre sont gamopétales, l'œillet est dialypétale.

Ces deux enveloppes (calice et corolle), constituent le *périanthe*, simplement destiné à protéger les verticilles internes, plus importants.

Décrivez l'androcée. — L'androcée est formé d'un ou plusieurs verticilles d'*étamines*. Chaque étamine (fig. 14) est composée d'un *filet f*, grêle, supportant un limbe c *(Connectif)* sur les bords duquel se trouvent les *sacs polliniques p* ; l'ensemble du connectif et des sacs polliniques forme l'*anthère*. Chaque sac est primitivement composé de deux *loges* qui ne tardent pas à se réunir en une seule (fig. 15). La cavité de chaque loge est, au début, occupée par un massif cellulaire *(cellules mères du pollen)*. Chaque cellule mère produit à son intérieur *quatre* petites cellules *(pollen)* qui deviennent bientôt libres dans la loge par destruction des parois des cellules mères. Sous l'épiderme du sac se trouve une assise de cellules *m* (assise mécanique) qui se ploie en dehors par la dessication, lorsque, le bouton de la fleur s'ouvrant, l'anthère est à l'air ; le pollen est

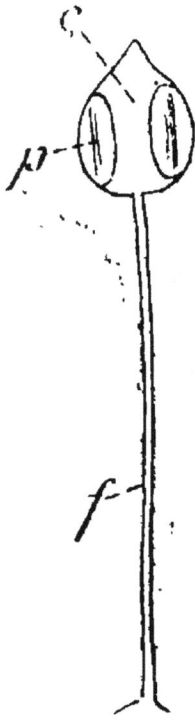

Fig. 14. — Étamine.

alors mis en liberté et emporté par le vent ou par les insectes.

Comment est fait un grain de pollen ?—C'est une cellule à deux noyaux chez les *angiospermes* (fig. 16, *a*) (monocotylédones et diocolédones) et divisée en deux, par une cloison, chez les *Gymnospermes*, *g*. En général un grain est rond

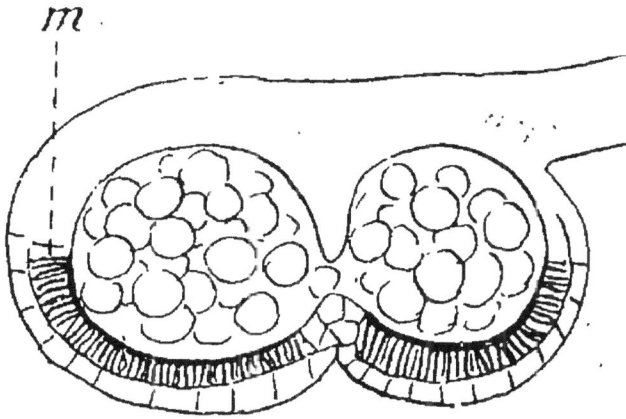

Fig. 15. — Section d'un sac pollinique.

et sa surface est hérissée de papilles, de pointes, de crêtes, d'aigrettes qui donnent plus de prise au vent. La surface présente aussi souvent des *pores p*, endroits de moindre résistance.

Décrivez le pistil. — Le *pistil* est formé de *carpelles*. Un carpelle (fig. 17) est une feuille sessile surmontée d'un bec *s* (*style*) étalé en plate-forme *st* à son extrémité (*stigmate*). Les

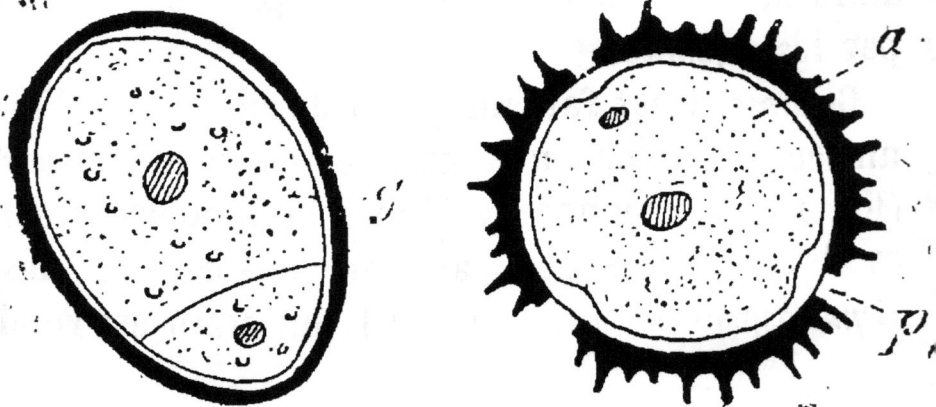

Fig. 16. — Grains de pollen.

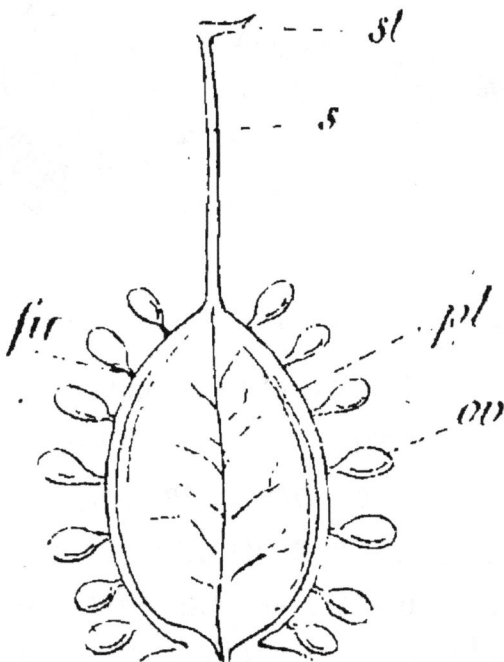

Fig. 17. — Carpelle.

bords du carpelle sont épaissis *pl (placentas)* et parcourus par une nervure. — Sur le placenta s'attachent les *ovules ov* par un pédoncule mince *fu (le funicule)*.

Supposons que 5 carpelles se soudent par leurs bords (comme les fuseaux d'un ballon) ils en—

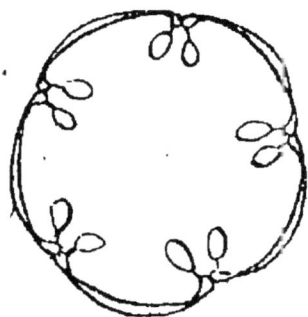 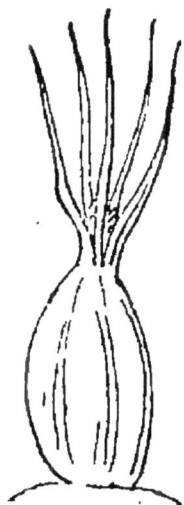 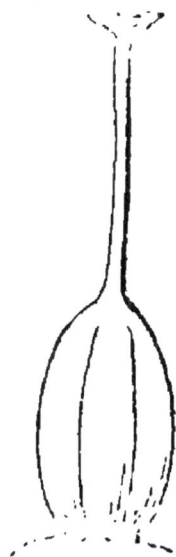

Fig. 18.   Fig. 19.   Fig. 20.

ferment une cavité sur les parois et à l'intérieur de laquelle seront attachés les ovules (*placentation pariétale* fig. 18). Cette sphère creuse est l'ovaire, les styles et les stigmates peuvent rester distincts (fig. 19), ou se souder en un style et un stigmate unique surmontant l'ovaire (fig. 20).

L'ovaire est-il toujours ainsi formé de plusieurs carpelles ? — Il peut être *unicarpellaire*, quand par exemple un carpelle se replie sur lui-même de façon à souder ensemble ses deux placentas(fig. 21). On a alors un ovaire *uniloculaire* et *unicarpellaire*, l'ovaire que j'ai décrit plus haut (fig. 18) est un ovaire uniloculaire mais *pluricarpellaire*.

Ne peut-il y avoir des ovaires pluriloculaires et pluricarpellaires ? — Si ! il suffit de supposer que plusieurs ovaires unicarpellaires, semblables à celui de la fig. 21, se sont soudés bord à bord de façon que tous les placentas forment un axe solide au centre de l'ovaire *(placentation axile)* (fig. 22). Il peut même arriver que cet axe persiste seul, les cloisons de séparation des loges de l'ovaire ayant été résorbées (fig. 23 représentant la section transversale d'un ovaire d'œillet). Dès lors, les ovules sont attachés au centre de l'ovaire, sans liaison avec les parois *(placentation centrale* des cariophyllées).

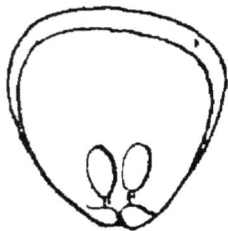

Comment est fait un ovule ? — Corps ovoïde attaché au placenta par le *funicule* (fig. 24). — 2 téguments (externe et interne, ou *primine* et

Fig. 21.

secondine) enveloppent une masse cellulaire interne *n* *(nucelle)*. Ces téguments ne se rejoignent pas ils laissent un orifice *m* *(micropyle)* par lequel il est possible d'arriver au nucelle.

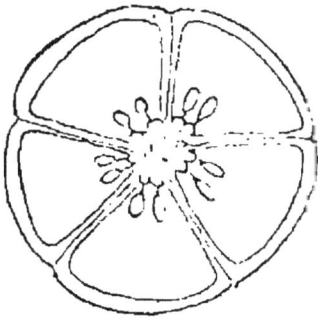

Fig. 22.

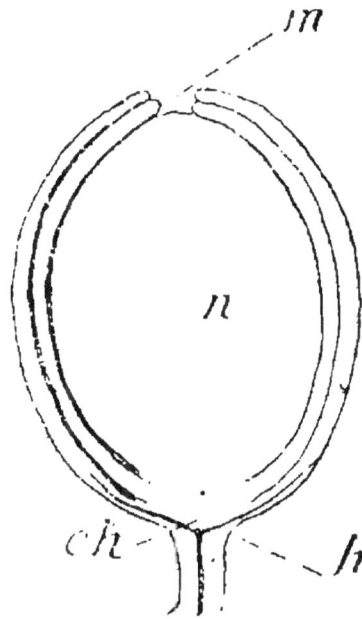

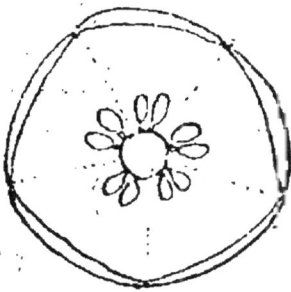

Fig. 23.　　　　　Fig. 24.

— Le point d'attache *h* du funicule sur l'ovule se nomme le *hile*.

Un faisceau libéro-ligneux parcourt le funicule et vient se ramifier dans le tégument externe; le point où il se ramifie se nomme la *chalaze ch.*

Lorsque le hile et la chalaze sont rapprochés et opposés au micropyle (fig. 24), l'ovule est *droit* (ou *orthotrope*); lorsque le hile et le micropyle, rapprochés (fig. 25), sont opposés à la chalaze, l'ovule est *réfléchi* (ou *anatrope*). Si le hile, la

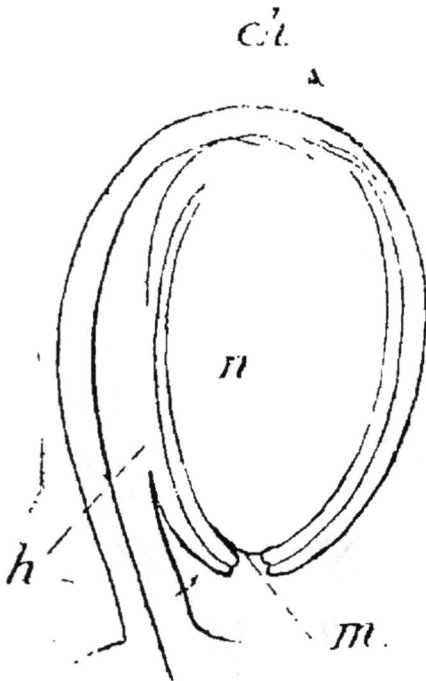

Fig. 25.

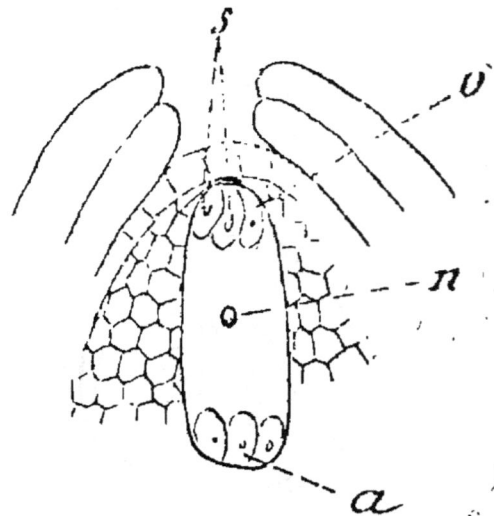

Fig. 26.

chalaze et le micropyle sont voisins l'un de l'autre, l'ovule est *courbé* (ou *campylotrope*); l'ovule réfléchi est le plus fréquent.

Une cellule sous-épidermique du nucelle grandit et devient le *sac embryonnaire* (fig. 26) au sommet et dans la cavité duquel pendent 3 cellules (2 *synergides s* et une *oosphère o*) au fond du sac 3 autres cellules *a (les antipodes)* destinées à disparaître. Enfin au centre du *sac* un gros *noyau n*.

A cet état l'ovule est mûr et prêt à être fécondé.

Comment se fait la fécondation ?—Le pollen doit être amené sur le stigmate (vent, insecte, eau, mouvements propres des étamines). C'est à cela qu'on donne le nom de *pollinisation*.

Comment le pollen est-il maintenu sur le stigmate ? — Le stigmate est hérissé de papilles qui sécrètent un liquide visqueux. Les aspérités des grains de pollen s'enchevêtrent avec les papilles du stigmate, et le grain est en outre collé au stigmate par le liquide gluant.

Que se passe-t-il ensuite ?—Le grain de pollen *germe*, c'est-à-dire que par un de ses *pores* sort un tube *(tube pollinique)* qui subirait bientôt un arrêt de développement, s'il ne trouvait pas en dehors de lui un milieu nutritif aux dépens duquel il puisse se nourrir. Suivant l'axe du style, se trouve un tissu formé de cellules désagrégées (tissu conducteur), dans lequel le tube pollinique s'enfonce, se nourrit et s'allonge. Tout le protoplasma du grain de pollen passe dans le tube pollinique qui arrive ainsi, de proche en proche, jusque dans la cavité de l'ovaire dont il suit un placenta sur lequel se trouve aussi du tissu conducteur ; il remonte le long d'un funicule, entre dans le micropyle, perce l'épiderme du nucelle, vient s'étaler sur le sac embryonnaire et déverse une partie de son protoplasma dans l'*oosphère*. A ce moment l'oosphère est fécondée et est devenue l'*œuf*.

Comment l'ovule fécondé devient-il la graine ? —1º Les synergides et les antipodes disparaissent ; 2º l'œuf, d'abord unicellulaire, se partage en deux ; la cellule supérieure devient un *suspenseur* et la cellule inférieure devient l'*embryon*; 3º le noyau *n* (fig. 26) du sac embryonnaire se divise en 2, 4, 8... etc. et le sac se trouve bientôt plein d'un tissu cellulaire *(albumen)* enveloppant l'embryon. L'embryon grossissant digère peu à peu cet albumen, et si, lorsque la graine est mûre, l'embryon n'a pas absorbé tout l'albumen, on a une graine à albumen, sinon on a une graine sans albumen ; 4º le tégument externe qui persiste seul, prend un aspect particulier : il devient ordinairement coriace pour protéger les parties de la graine qu'il contient.

Pendant que l'ovule devient la graine, que

devient l'ovaire? — Il devient le *fruit*. La paroi de l'ovaire transformé devient le *péricarpe*, dans lequel on distingue 3 couches : la couche externe ou *épicarpe*, la couche moyenne ou *mésocarpe*, la couche interne ou *endocarpe*.

MODIFICATIONS DE LA FLEUR. INFLORESCENCE

Maintenant que nous connaissons la structure et les fonctions d'une fleur type, dites-moi si toutes les fleurs sont organisées de la même façon ? — La corolle peut manquer *(apétale)*. — Une fleur peut-être unisexuée. Si elle n'a que des étamines elle est *mâle (staminée)* ; si elle n'a qu'un pistil sans étamines, elle est *femelle (pistillée)*. — Dans ce cas, si les fleurs mâles et femelles sont sur le même pied (melon, noisetier, maïs), la plante est dite *monoïque*. Si elles sont sur des pieds différents (Bryone, chanvre), la plante est dioïque.

Comment les verticilles d'une fleur sont-ils disposés les uns par rapport aux autres ? — Il y a ordinairement alternance ; par exemple : les étamines se trouvent vis-à-vis des intervalles des pétales. Il y a cependant des exceptions (primulacées).

Les divers verticilles peuvent non seulement souder ensemble leurs parties (gamosépales, gamopétales, *synanthérées*), mais encore les différents verticilles peuvent contracter entre eux des adhérences. Par exemple : Quand le calice et la corolle sont soudés ensemble, celle-ci porte les étamines *(calyciflores)*. En arrachant les sépales, on enlève en même temps, corolle et étamines. Les étamines sont, dans ce cas, insérées plus haut que l'ovaire et dites *périgynes*.

Quand il n'y a pas soudure entre la corolle et le calice, les étamines s'insèrent aussi, ordinairement, sur le réceptacle, *au-dessous* de l'ovaire : elles sont *hypogynes*.

Qu'est-ce que l'inflorescence ? — C'est le mode de groupement des fleurs.

On a une *inflorescence définie* quand l'axe est terminé par une fleur qui arrête son développement ; *Inflorescence indéfinie* dans le cas contraire.

L'inflorescence peut être : 1° *En grappe* (fig. 28), les pédoncules floraux, tous à peu près égaux, s'échelonnent le long de l'axe *(groseille)*; 2° En *épi* (blé, fig. 27), grappe dont les fleurs sont sessiles (sans pédoncules); 3° En *corymbe* (fig. 29) (achillée), grappe dans laquelle les pédoncules sont d'autant plus grands, qu'ils s'attachent plus bas sur l'axe. Il en résulte que toutes les fleurs sont dans un même plan comme dans la suivante : 4° En *ombelle* (fig. 30) (carotte), tous les pédoncules égaux partent du même point.

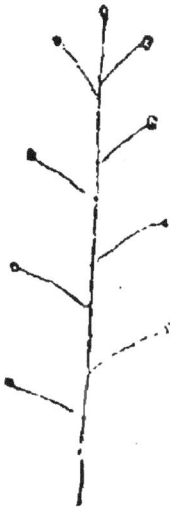

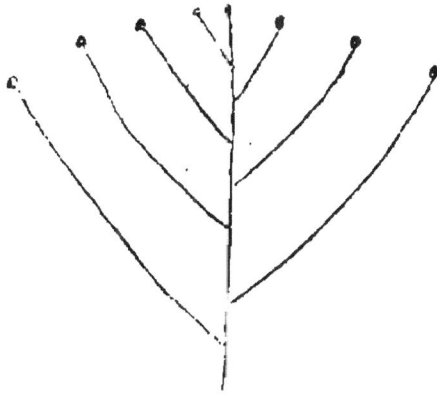

Fig. 27.   Fig. 28.   Fig. 29.

5° En *Capitule* (fig. 31) (marguerite), ombelle dont les pédoncules sont nuls.

Telles sont les principales inflorescences. — Citons encore le *Spadice* des *arums* (pied de veau) entouré d'une grande bractée blanche (*Spathe*).

Ce spadice est une sorte d'épi, portant en bas une masse compacte de fleurs femelles, plus haut, des fleurs mâles, puis des fleurs stériles, le tout étant terminé par une massue jaune.

Qu'appelez-vous **préfloraison?** — C'est la disposition des 4 verticilles au sein du bouton ;

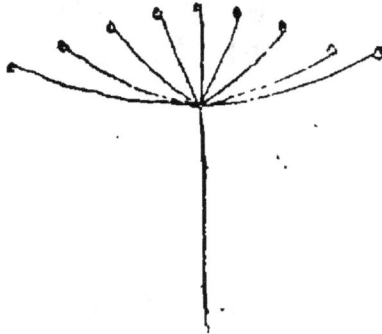 

Fig. 30.   Fig. 31.

elle peut-être *valvaire* (les pétales se touchent par leurs bords).

Tordue (un pétale recouvre le suivant et est recouvert par le précédent).

Quinconciale (2 pétales externes, 2 internes, le 5ᵉ, moitié recouvrant, moitié recouvert).

Imbriquée (1 pétale externe, 1 interne, les autres, moitié internes, moitié externes), etc...

CLASSIFICATION DES FRUITS

Combien distinguez-vous de sortes de fruits?
— 2 sortes : *fruits charnus* et *fruits secs*.

Donnez quelques exemples de fruits charnus.

— 1° *Le fruit à noyau* (ou *drupe*), par exemple la cerise, la pêche : l'épicarpe est mince, le mésocarpe charnu et quelquefois succulent, l'endocarpe dur protégeant l'amande qui est la graine, 2° *le fruit à pépins* (ou *pomme*) : Epicarpe mince, mésocarpe charnu, endocarpe parcheminé à 5 loges contenant les pépins ; 3° la *Baie*, fruit mou, pulpeux, à graines disséminées sans apparence de loges (raisin, groseille, fruit de la pomme de terre...)

Citons encore : l'*orange*, dans laquelle on mange l'endocarpe, la *grenade*, où on mange le *tégument des graines*; enfin les *réceptacles charnus* (fraise, figue), supportant les fruits qui sont les petits grains qu'on y remarque.

Parlez des fruits secs. — 2 catégories : ceux qui *s'ouvrent* pour disséminer de nombreuses graines *(fruits déhiscents)*. Ceux qui ne s'ouvrent pas et ne contiennent ordinairement qu'une ou deux graines (*indéhiscents*).

Citez des fruits indéhiscents. — Le *Caryopse* (blé et autres céréales), le tégument de la graine est soudé à celui du fruit. — L'*achaine* où la graine n'est pas soudée au fruit.

Citez des fruits secs déhiscents.—Le *Follicule* à une loge, se fend sur la soudure ventrale du carpelle entre les 2 placentas (pivoine) ; la *gousse* à 1 loge, se fend sur la ligne médiane du carpelle et sur la suture (haricot et en général les légumineuses) ; la *silique* partagée en deux loges par une *fausse cloison,* s'ouvre par 2 valves attachées en haut du fruit *(crucifères).*

La capsule formée par plusieurs carpelles soudées qui la partagent en plusieurs loges. Dans la capsule, la déhiscence est *loculicide* quand la fente se fait au milieu d'un carpelle (lis). Elle est *septicide* quand elle se fait au point d'attache des cloisons contre la paroi (tabac). Elle est *porricide* quand les graines s'échappent par de petits trous (pavot).

Savez-vous par quel mécanisme s'ouvrent les fruits déhiscents ?—Il y a dans la partie la plus profonde de chaque valve, un tissu mécanique lignifié qui se contracte *moins* par la dessication que les couches les plus externes. De sorte que lorsque le fruit se dessèche, la valve se recourbe en dehors, et les graines sont mises en liberté.

Citez des graines utiles.—Les céréales ;—café, cacao, amande, noix, noisette, colza, navette, pavot, lin, ricin. — Coton, moutarde, etc.

RÉSUMÉ

FLEUR........ ....
{
Calice formé de sépales.
Corolle formée de pétales.
Androcée formé d'étamines.
Pistil formé de carpelles.
}

ETAMINE..
{
Filet.
Connectif.
Sacs polliniques.
}

PISTIL....
{
Ovaire dans lequel se trou-
vent les *ovules*.
Style.
Stigmate.
}

Le pollen tombe sur le stigmate, y germe et le tube pollinique vient féconder le sac embryonnaire contenu dans l'ovule.

L'ovule devient alors *la graine*.

L'ovaire, *le fruit*.

REPRODUCTION CHEZ LES CRYPTOGAMES

Qu'est-ce qu'une cryptogame ?—Tout végétal qui n'a pas de fleurs est une *cryptogame*. — Les cryptogames forment 3 embranchements.

1º Les *cryptogames vasculaires* ou à *racines*, qui ont tige, racine, feuilles.

2º Les *muscinées* qui ont seulement tige et feuilles.

3º Les *tallophytes*, qui n'ont comme appareil végétatif qu'un *thalle*, soit *lamellaire*, soit *filamenteux*.

Décrivez la reproduction chez les cryptogames vasculaires, en prenant comme type, les fougères. — Les fougères présentent ce qu'on est convenu d'appeler l'*alternance des générations* : la fougère produit des *spores*. Une spore, en germant sur la terre humide, produit un appareil végétatif (prothalle) tout à fait analogue à un thalle d'algue verte.

Sur ce prothalle, se forment des œufs qui, en se développant, reproduisent la fougère. — En d'autres termes : une fougère A donne des spores, une spore produit un prothalle B, sur ce prothalle B, se forment des œufs qui, se développant, donnent naissance à une fougère A', identique à A.

On voit qu'il y a dans le développement d'une fougère deux phases; l'une correspondant à une génération asexuée, l'autre à une génération sexuée et que ces deux générations alternent régulièrement.

Etudions maintenant ce développement avec un peu plus de détails.

1° Si l'on examine la face inférieure des feuilles du *polypodium vulgare* par exemple, on y remarque de petites taches brunes nommées *sores*, qui, observées au microscope, se montrent formées d'un certain nombre de petits sacs pédicellés. Chaque sac est un *sporange* et renferme de petits corps arrondis qui sont les *spores*.

Sous l'influence de la dessiccation, le sporange se fend suivant son équateur, s'ouvre et laisse échapper les spores qui, tombant sur le sol humide, y germent après un temps de repos plus ou moins long ; la membrane de la spore se déchire et, par la déchirure, sort un tube bientôt pourvu de chlorophylle et qui, se cloisonnant, s'élargit beaucoup à son extrémité de façon à prendre une forme triangulaire dont l'un des sommets est occupé par la spore. Puis une échancrure apparaît et le triangle se transforme en une lame cordiforme. étroitement appliquée sur le sol auquel elle adhère fortement par des poils absorbants qui hérissent sa face inférieure.

Sur la face inférieure apparaissent des organes de deux sortes. Dans toute la région postéro-latérale du prothalle et à la face inférieure, c'est-à-dire dans le voisinage de la spore d'où celui-ci est sorti, on voit apparaître des mamelons extrêmement petits qui vont jouer le rôle de mâle. Ce sont les *Anthéridies*; leur apparition est très précoce et ils se développent seuls quand le prothalle est insuffisamment nourri.

En arrière de l'échancrure du prothalle, sur une partie épaissie à laquelle on a donné le nom de *coussinet*, naissent des protubérances plus tardives que les premières, moins nombreuses et qui vont jouer le rôle de femelle, ce sont les *archégones*.

Dans les cellules centrales de l'Anthéridie se forment de petits filaments spirales, ce sont les *anthérozoïdes*. Lorsque le dôme de l'anthéridie se détache comme le ferait un couvercle, ces petits filaments sortent, et comme leur partie antérieure est munie de nombreux cils vibrátils qu'ils agitent constamment, ils nagent dans les gouttelettes d'eau qui se trouvent sur la terre, sous le prothalle, jusqu'à ce qu'ils rencontrent le col d'un archégone.

L'archégone a en effet la forme d'une bouteille, dont la panse est occupée par une cellule nue, c'est-à-dire, dépourvue de membrane de cellulose, et qu'on nomme l'*oosphère*. Lorsqu'un anthérozoïde rencontre le col d'un archégone, il y pénètre, arrive jusqu'à l'oosphère, s'y fond, et la féconde. Aussitôt l'oosphère s'entoure de cellulose et l'*œuf* est formé.

Comment se développe l'œuf ? — L'œuf en se développant produit une racine, une tige et une feuille. Mais, comme cet œuf, pour se développer, a immédiatement besoin de nourriture, que d'autre part ce n'est ni la racine ni la feuille, à peine formées au début qui peuvent lui en fournir, cet œuf développe un quatrième organe, *le pied* qui s'enfonce dans le tissu du prothalle. Ce pied est un véritable suçoir qui tire du prothalle la nourriture nécessaire aux premiers développements de l'œuf. Aussi voit-on ce prothalle se plisser, jaunir, se dessécher et mourir pendant que la jeune fougère grandit.

Une fois la première feuille formée, la fougère pouvant se suffire à elle-même, d'autres feuilles poussent, la tige s'allonge ; sur la face inférieure des feuilles naissent des sores qui produisent des spores et le même cycle recommence.

Donc en résumé, il y a chez les fougères une alternance marquée des générations sexuées et asexuées. Certaines algues, certains champignons, présentent ces deux modes de reproduction, mais qui se succèdent d'une façon fort irrégulière. Chez les fougères et chez les mousses, les phénomènes se régularisent, et c'est ce qui donne à l'histoire de ces plantes un intérêt tout particulier.

N'y a-t-il pas une différence entre la reproduction des mousses et celle des fougères ? — C'est que chez les fougères, c'est la plante feuillée qui produit les *spores* et le thalle les œufs. Tandis que chez les mousses, c'est sur la plante feuillée que se forme l'œuf, lequel en se développant produit l'appareil sporifère.

Et les cryptogames inférieures comment se reproduisent-elles ? — Par *spores* ou par *œufs* quelquefois par les deux procédés.

Citez une cryptogame se reproduisant par

spores. — Les champignons à chapeau. Sous le chapeau d'un champignon de couche, par exemple, on voit un grand nombre de lamelles. C'est sur ces lamelles que se trouvent les spores. En tombant sur la terre humide, elles germent et donnent un *mycelium* (thalle) sur lequel se développe le chapeau.

Citez un exemple de cryptogame se reproduisant par œuf. — Les *fucus* (*varechs*) qu'en trouve au bord de la mer. Au fond de certaines cryptes se développent des sortes de poils dont le protoplasma est partagé en un certain nombre de sphères (oosphères) qui s'échappent et flottent dans l'eau. En d'autres points du végétal, au sein de cellules spéciales, se développent de petits corps protoplasmiques, munis de cils (zoospores), qui nagent à la rencontre des oosphères ; l'un d'eux y entre, s'y fond, et l'œuf est formé, s'entoure de cellulose, se fixe et se développe en un nouveau fucus.

Citez des cryptogames non vasculaires se reproduisant par œufs et par spores. — Les moisissures. Le *peronospora infestans*, maladie de la pomme de terre..., etc.

RÉSUMÉ

REPRODUCTION CHEZ
LES FOUGÈRES......
{
Une fougère A produit des spores.
La spore donne un prothalle B.
Sur le prothalle B naissent des anthéridies et des archégones qui forment un œuf.
}

L'œuf en se développant donne une fougère A' identique à A.

Les cryptogames se reproduisent par spores ou par œufs, *quelquefois par spores* et œufs.

FIN

17 decembre 88

JOURNAL GÉNÉRAL

DES MATHÉMATIQUES ÉLÉMÉNTAIRES ET PRÉPARATOIRES,

DE L'ENSEIGNEMENT SECONDAIRE SPÉCIAL,

DE L'ENSEIGNEMENT SECONDAIRE DES JEUNES FILLES

ET DE

L'ENSEIGNEMENT PRIMAIRE SUPÉRIEUR

~~~~~~~

REVUE SCIENTIFIQUE ET LITTÉRAIRE

PUBLIANT TOUS LES TEXTES DONNÉS DANS LES DIF-
FÉRENTS CENTRES D'EXAMENS DE LA FRANCE,
ET LES ACTES ADMINISTRATIFS

Paraissant le 10 et le 25 de chaque mois,
d'Octobre à Juillet inclusivement.

Prix d'abonnement : 10 fr.
Prix du numéro : 60 centimes

Les abonnements partent du 10 Octobre de chaque
année, pour prendre fin le 25 juillet
de l'année suivante.

TOUT CE QUI CONCERNE LA RÉDACTION DOIT ÊTRE ADRESSÉ A

M. E. FOUCART

20, rue de la Sorbonne, Paris.

―――――

4598. — ABBEVILLE TYP. ET STÉR. A. RETAUX. — 1888.